你不能？不知的

處世心理學

前言

在心理學上有個非常著名的原理叫做「刻板印象原理」，指的是，一個人在一定的時間內所形成的一種具有一定傾向性的心理趨勢會影響他隨後的思維方式和言行舉止。即一個人在其已有經驗的影響下，心理上通常會對某一特定活動處於一種準備的狀態，因而使其認識問題、解決問題帶有一定的傾向性與專注性。

刻板印象原理無時無刻不在影響著人的思想和行為。蘇聯心理學家曾做過一個關於「刻板印象」的實驗。心理學家把同一張照片出示給參加實驗的兩組大學生看。不過，心理學家事先告訴第一組的學生：照片上的人是一個無惡不作的罪犯；告訴第二組的學生：照片上的人是一位科學家。最後，心理學家讓這兩組學生分別用文字來對照片上這個人的相貌進行描述。

結果，第一組學生描述道：此人深陷的雙眼表明其內心充滿了仇恨，突出的下巴顯示著他沿著犯罪的道路越走越遠的內心……第二組學生描述道：此人深陷的雙眸表明其思想的深度，突出的下巴表明他在求知的道路上不畏艱難險阻的意志……

同一個人，之所以會得到如此截然不同的評價，僅僅是因為評價者之前得到的關於此人身分的提示有區別，一開始產生了反感，後來就很難認同；一開始認同，往往就會一直認同。

在人際交往中，如果能夠巧妙利用人的心理定勢，就可以非常簡單地讓他人點頭稱「是」，對你心悅誠服。

「今天的天氣真不錯啊！」

「是啊！」

「夫人和孩子也都好吧？」

「是的，很好。」

「今年是你的本命年吧？」

「是的，我屬牛。」

讓對方不斷地同意你的意見，製造對方「同意」的心理定勢，最後，引入正題，對方往往也會同意。或許有人會懷疑，這個簡單得類似於哄小孩子的策略真的能夠奏效嗎？是的，這個策略雖然簡單，但的確非常有效。

幾乎每個人都有過這樣的心理經歷：用「不」來拒絕對方，並不能讓自己心情愉悅，甚至有時會產生不愉快的感覺；相反，表示同意的肯定性回答往往會給自己帶來愉快輕鬆的感覺。也就是說，對人來說，同意是自然的態度，而反對要比同意困難。

再加上心理定勢對「同意態度的強化」，人在連續地同意了一連串事情之後，要突然扭轉態度是非常困難的。再則，人天生有一種使自己的言行或者態度前後保持一致的需求，如果產生了不一致，就會造成心理不適。

透過製造對方「同意」的心理定勢來使對方心悅誠服，是切實可行的說服策略。在與人往來的過程中，先就一些對方肯定會表示同意的事情取得對方的同意態度，使對方形成心理定勢，最後再道出正題，往往就會避免雙方的許多意見分歧，使彼此在最短時間內達成共識。

掌握了心理學的一些基本概念也就掌握了人脈關係，同時也擁有了主動權。相信透過書中的一些案例，也可以讓你更深入瞭解人性心理學的祕密，從中獲得一些啟示。

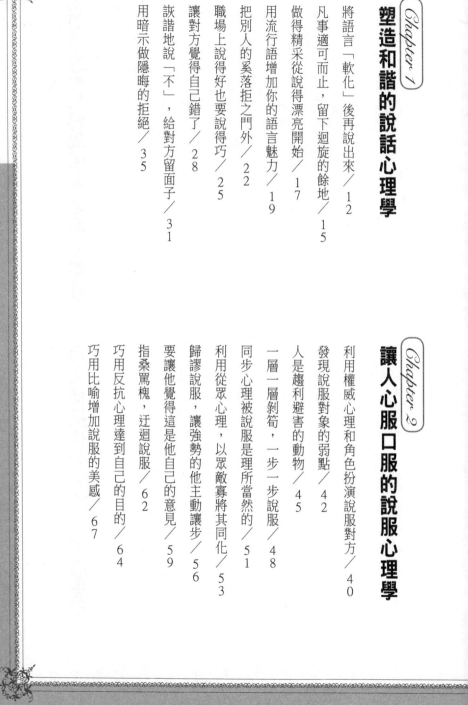

Chapter 1 塑造和諧的說話心理學

Chapter 2 讓人心服口服的說服心理學

Chapter 3 善用劣勢反轉局面的吃虧心理學

Chapter 4 用人情抓住對方的人情心理學

Chapter 5 玩轉駁人的引誘心理學

Chapter 6 獲得他人追隨的籠絡心理學

Chapter 7 掌控難纏人士的擺脫心理學

Chapter 8 揣摩人琢磨事的問話心理學

Chapter 9 洞悉對手弱點的攻心心理學

Chapter 10

送禮送到心坎上的送禮心理學

你不能？不知的
處世心理學

Chapter 7

塑造和諧的說話心理學

將語言「軟化」後再說出來

人生有許多地方需要轉彎，不能直來直去，語言表達也是如此。對於年輕人來說，委婉地說話，含蓄地表達，更是一種真本領。它能有效地避免由於生硬和直率帶來的各種弊端，讓你的人際往來更加順暢。

委婉，或稱婉轉、婉曲，是一種修辭手法。它是指在講話時不直陳本意，而用委婉之詞加以烘托或暗示，讓人思而得之，而且越揣摩，含義越深越遠，因此也就越具有吸引力和感染力。委婉含蓄是說話的藝術，它表現了說話者駕馭語言的技巧，而且也表現了對聽眾想像力和理解力的信任。

說話人故意說些與本意相關或相似的事物，來烘托本來要直說的意思，這是語言中的一種「緩衝」方法。儘管這「只是一種治標劑」，但它能使本來也許是困難的交往，變得順利起來，讓聽者（或看者）在比較舒坦的氛圍中接受資訊。因此，有人稱「委婉」是公關語言中的「軟化」藝術。

文學大師錢鐘書先生，是個自甘寂寞的人。居家耕讀，閉門謝客，最怕被人宣傳，尤其不願在報刊、電視中揚名露面。他的《圍城》再版以後，又拍成了電視，在國內外引起轟動。不少新聞機構的記者，都想約見採訪他，均被錢老執意謝絕了。

一天，一位英國女士，好不容易打通了他家的電話，懇請讓她登門拜見錢老。錢老一再婉言謝絕沒有效果，他就妙語驚人地對英國女士說：「假如妳看了《圍城》，像吃了一顆雞蛋，覺得不錯，何必要認識那隻下蛋的母雞呢？」洋女士終被說服了。

錢先生的回話，首句語義明確，後續兩句「吃了一顆雞蛋覺得不錯」和「何必要認識那隻下蛋的母雞呢？」雖是借喻，但從語言效果上看，卻是達到了「一石三鳥」的奇效：其一，是屬於語義寬泛，富有彈性的模糊語言，給聽話人以思考悟理的伸縮餘地；其二，是與外賓女士交際中，不宜直接明拒，採用寬泛含蓄的語言，尤顯得有禮有節；其三，更反映了錢先生超脫盛名之累、自比「母雞」的這種謙遜淳樸的人格之美。一言既出，不僅無懈可擊，且又引人領悟話語中的深意，格外令人敬仰錢老的大家風範。

可見，委婉含蓄主要具有如下三方面的作用：

第一，人們有時表露某種心事，提出某種要求時，常有種羞怯、為難心理，而委婉含蓄的表達則能解決這個問題。

第二，每個人都有自尊心。在人際交往中，對對方自尊心的維護或傷害，常常是影響人際關係好壞的直接原因；而有些表達，如拒絕對方的要求，表達不同於對方的意見，批評對方等，又極容易傷害對方的自尊。這時，委婉含蓄的表達常能取到既能達成表達任務，又能維護對方自尊的目的。

第三，有時在某種情境中，例如礙於某第三者在場，有些話就不便說，這時就可用委婉含蓄的表達。

這便是說話委婉含蓄的美妙之處。生活中有許多事情是「只需意會，不必言傳」的。如果說話者不相信聽眾豐富的想像力把所有的意思和盤托出，這種詞意淺陋、平淡無味的話語不但會使人不悅，而且會使說話失去魅力。

凡事適可而止，留下迴旋的餘地

遇事窮追不捨，於人於己都沒有好處，聰明人——有「心機」的人都會適當考慮別人的想法，留下迴旋的餘地。

現實生活中，許多人說話做事總是不會給人留餘地，經常搞得對方很尷尬。其實想想如果你自己處在這種狀況會怎樣。很顯然，人一旦處於這種窘境，則不僅僅是氣別人，也氣自己，氣自己無能、無力，甚至會懷疑自己生存的價值和意義，因而萌生強烈的人生挫折感和失落感。那麼，有過這種體驗和經歷的人就應當設身處地地為對方想一想，一旦自己透過努力證明自己比對方強，完全有能力收拾對方，那麼就應當適可而止，別再以牙還牙，以毒報毒，把對方完全置於屈辱的地位，不然只會使對方蒙受如自己當初一樣的打擊與屈辱，因此為自己製造一個仇敵。

一、冤家宜解不宜結，問題解決了就要給對方一個臺階下，否則對方記了你的仇，將來還會給你氣受。在人際交往中，特別是求人的時候，如果受了氣。你放開眼界，把立足點放在解決對策上而不是鬥氣上。

和人家鬥氣，一來未必能夠鬥得過，二來浪費了時間和精力，對於解決問題沒有什麼幫助，因此換一種視角，換一套思路，另闢蹊徑解決問題是最重要的。一旦問題解決了，你受氣的根源也自然消失了，這時候你還不解氣，還讓那些本來已經很尷尬的部門工作人員下不了臺，那就太沒有「心機」了。你應當想到，這一次人家阻撓了你，給你氣受，也許下次你還要求人家，要是人家記了仇，你就還會有更大的氣要受。相反，如果你能夠適當給他一個臺階下，他感懷你的寬容大量，下一次辦事時也許就能給你幫上大忙。

二、在人際交往中注意不把事情做絕，甚至可以化敵為友。每個人受了氣後都會產生一種報復心理。於是奮發向上，尋找時機。這是十分不可取的，因為說不定你哪天還會有更大的氣受。相反，如果一個人在有了實力，或是抓住了對方的把柄，完全有能力收拾對方時，能夠恰當的利用這種優勢，以一種大度寬容的方式來對待對方，求得他的信任與感激，再進一步透過其他方式來增進彼此的感情，那麼就不但排除了樹敵的可能性，而且多了一個很可信賴的朋友。

朋友多了，社會性實力就會強大，同時能夠彌補個人能力的種種不足，那就更不容易受氣了。對於矛盾的雙方而言，這樣結局無疑是最為理想的。

做得精采從說得漂亮開始

一副好口才能使你善於和人溝通，有良好的人際關係，有更多的好朋友。朋友就是你取得進步的人脈大樹，是你潛在的巨大財富。

古代有一位國王，一天晚上做了一個夢，夢見自己的牙都掉了。於是，他就找到了兩個解夢的人。國王問他們：「為什麼我會夢見自己的牙全掉了呢？」

第一個解夢的人說：「皇上，夢的意思是，在你所有的親屬都死去以後，一個都不剩，你才能死。」皇上一聽，龍顏大怒，打了他一百大棍。

第二個解夢人說：「至高無上的皇上，夢的意思是，您將是您所有親屬當中最長壽的一位呀！」皇上聽了很高興，便拿出一百枚金幣，賞給了第二位解夢的人。

解說同樣的事情，同樣的問題，為什麼一個會挨打，另一個卻受到嘉獎呢？因為挨打的人不會說話，受獎的人會說話而已。可見，會說話是多麼的重要。

說話的能力，千百年來一直為人們所重視。劉勰在《文心雕龍》一書中就高度評價過口才的作用：「一人之辯，重於九鼎之寶；三寸之舌，強於百萬之師。」春秋時期，毛遂自薦使楚，口若懸河，迫使楚王歃血為盟；戰國時的蘇秦憑藉三寸不爛之舌，遊說東方六國，身掛六國帥印，促成合縱抗秦聯盟；三國時諸葛亮出使東吳，舌戰群儒，終於說服吳主孫權和都督周瑜聯劉抗曹，獲赤壁大捷……無數的事實表明，好的口才能夠發揮巨大的作用。

從某種程度上說，事業的成功與失敗往往取決於某一次談話，這話絕不是危言聳聽。富蘭克林的自傳中有這樣一段話：「我在約束我自己的時候，曾有一張美德檢查表，當初那表上只列著十二種美德。後來，有一個朋友告訴我，說我有些驕傲，這種驕傲常在談話中表現出來，使人覺得我盛氣凌人。於是，我立刻注意這位友人給我的忠告，我相信這樣足以影響我的前途。然後，我在表上特別列上『虛心』一項，以引起自己的注意。我決定竭力避免說直接觸犯別人感情的話，甚至禁止自己使用一切確定的詞句，像『當然』、『一定』、『沒錯』，而以『也許』、『我想』、『彷彿』來代替。」佛蘭克林又說：「說話和事業的進行有很大的關係，你出言不慎，跟別人爭辯，那麼，你將不可能獲得別人的同情、別人的合作、別人的幫助。」

用流行語增加你的語言魅力

「流行語」就是那些在一定時間、一定範圍裡高頻率地運用於人們口頭交際中鮮活新潮的詞句。它和著時代的脈搏，折射著生活的靈光，為人們的日常言談增添著魅力與色彩。當然，曾經的流行語言現在不一定再流行了，但它依然膾炙人口，為人們所熟知，所以無論何時，用上這些詞語會讓你在交談中增添許多亮點。

流行語並不一定是一個國家或民族的共同語、規範語，它有較強的地域特徵。大多流行語往往在一定的年齡、文化水準以及職業的人群中使用。比如在商業界，「看好」、「看漲」、「看跌」、「滑坡」、「走俏」等詞語運用得很普遍；在演藝圈，「走紅」、「領銜」、「性感」很流行。流行語多數是現有詞句的一種比喻、替代、延伸，例如，知識份子把改行叫做「跳槽」，把撰寫文章搞創作戲稱為「爬格子」。

流行語具有較強較濃的時代色彩，沉澱著一定時期內的政治色彩、文化特點與生活氣息。比如，對別人稱自己的妻子，舊時代是「內人」、「太太」，現代則有「那口子」、「另一半」等說法。說一個人樣子好、氣質佳，以前是「眉清目秀」，後來是「健壯有朝氣」，現在是「瀟灑風流」、「有魅力」等。在日常談話、交往活動中，恰到好處地使用流行語可以起到多方面的作用。

流行語可豐富、更新自己的談話色調——一個人的談話色調既包括話題、語調、聲音的選擇，也包含詞句的篩選與錘煉。現實生活中有些人與別人交談時老是一種腔調，老運用一些自己重複多遍、陳舊蹩腳的詞句、口頭禪，毫無新鮮明朗的氣息，給人的感覺是迂腐而沉悶，如魯迅筆下的孔乙己「之乎者也」不斷，跟緊時代的步伐，注意吸收運用流行的詞句，可以使自己的談吐變得豐富多彩，保持談話色調的生機、活力，使話語常講常新。這樣更能增強談話雙方的親近感、尊敬感，使交談始終處於輕鬆自如的狀態下，不至於因過於拘謹、正兒八經而影響溝通，引起別人反感。

使用流行語可增添生活情趣——生活是五彩斑斕的萬花筒，人們常在一起聊天、談笑，少不了流行語的點綴。流行語是怎麼來的？其實，流行語不是哪位名人或語言學家創造發明出來的，我們每個人都可以留心於生活，留心於別人的言談，並借鑒、發揮，推陳出新，啟動靈感，隨口說出。平時不妨從以下幾方面去搜集、學習。

從曾經的流行金曲中學——許多流行經典金曲不但能唱出人們的真情、心聲，而且唱詞通俗，生活氣息濃。某男士談戀愛，剛接觸對方，生怕對方看不中自己的「外相」，靈機一動，說道：「我知道我很醜，可是我很溫柔。」他妙用了趙傳的一首歌名，很快贏得了女孩的好感。再如「不是我不小心」、「我的未來不是夢」、「你知道我在等你嗎」等，結合講話的場合、語境、心境，信手拈來，適時穿插，一定情趣斐然。

從報刊用語裡學——如某報上曾有一篇題為《檢察機關渾身是眼》的文章，某位善談者巧借活用，與人評論小偷：「他渾身是手，什麼都偷。」當然，運用流行語還必須考慮交談對象的年齡、知識水準以及談話背景。

借助健康的富於生命力的「流行語」，你可以在做好人際關係這方面更加如魚得水，「流行語」是語言不可或缺的「調味劑」。

把別人的奚落拒之門外

在交際應酬時，你遇到的並不都是和善友好的人，有時也會遇到一些對你進行有意無意的奚落或挖苦的人，這時，你就需要巧妙應對，既消除自己的尷尬，又不使相互間的關係惡化。

你應該用語言作為「護心符」，築起防衛的大堤。有隨機應變能力的人，能提高自己的智慧，化被動為主動，使難堪煙消雲散。「兵來將擋，水來土掩」，你可以根據不同的人選擇不同的應付辦法。若判明來者不善，懷有惡意，故意挑釁，你可以「以眼還眼，以牙還牙」，有理、有力、有節地回敬對手。

有一次，一個美國記者同中國總理談話時，看到中國總理的桌上有一支美國派克鋼筆，就帶著幾分譏諷的口氣問：「總理閣下，你們堂堂中國人，為何還用我們美國的鋼筆呢？」

中國總理聽出了他的言外之意，莊重而又風趣地答道：「提起這支鋼筆，話就長了，這是一位朝鮮朋友的抗美戰利品嘛，作為禮物贈送給我的。我無功不受祿，就拒收。

朋友說，留下做個紀念吧。我覺得有意義，就收下了貴國這支鋼筆。」那個記者聽後，一臉窘相，愣了半天也說不出話來。

如果對方來勢洶洶、盛氣凌人，前來指責辱罵你，而你確信真理在手，則可保持藐視的目光、冷峻的笑容，讓他盡情地發洩個夠，而不予理會。有時沉默無言的蔑視力量勝千鈞，抵得上千言萬語。

假如有人沖著你橫眉瞪眼，惡語中傷地罵道：「你這個人兩面三刀，專門告我的陰狀，想踩著我的肩膀往上爬，不可能！」只要你心中無愧，就完全不必大發雷霆，不妨解嘲地反詰：「哦！是真的嗎？我倒要洗耳恭聽。」然後誘使謾罵者說下去，直到對方找不到言辭了，你再「鳴金收兵」。在這種情況下，你以溫文爾雅、彬彬有禮的方式笑迎攻擊者，顯然比暴跳如雷、大動肝火要好。

假如有人以半真半假的口吻問：「你得了一大筆獎金，『發財』了吧？」你可以避實就虛地回答：「你也想要嗎？我們一塊兒做。」話語中帶點陽剛銳氣，別人再問，也不好意思了。

你剛被提拔到某主管職位，有人對此揶揄道：「這下你可算平步青雲、扶搖直上了吧！」你聽了不必拘謹，可一笑了之。相反，你若過於計較，說出一大堆道理，倒顯得太認真，反而適得其反。

如果有人用過於唐突的言辭使你受到傷害，或叫你難堪，你應該含蓄以對，或裝聾作啞、拐彎抹角、閃爍其詞，或順水推舟、轉移「視線」、答非所問，談一些完全與其問話「風馬牛不相及」的事，用這種委婉曲折的方法反駁對方，一定會取得不錯的效果。

在交際應酬中難免會遇到一些棘手的問題，對此，若以幽默詼諧的方式回答，往往能起到化險為夷的效果，改變窘態。

職場上說得好也要說得巧

如何才能在職場上準確發聲呢？常言道：「說話聽音。」這告訴我們，在交際過程中，我們應當根據別人的心理狀態，說好想說的話，好話就要說到心坎兒裡，壞話也應當婉轉地道出是非所以。

說話首先你得要確立重點。你的中心思想明確了，才能有的放矢，如果不這樣，你該怎麼開口呢？於是，如何表述就是一個需要特別揣摩的問題了。現代社會，生活節奏如此之快，時間是非常寶貴的，每個人都希望別人說的話能夠直截了當地說出意義所在，而且假如一個人表述非常囉唆，掌握不到重點，誇誇其談而不知所云，很容易遭人厭煩，使得別人對他有抵觸心理。當然，在語言簡練的同時，我們也不能忽視立場、場合、時間等諸多要素。

世界著名的談話藝術專家費爾特先生，曾經教人談話時應該注意下列一些問題。他說道：「你應該時常說話，但不必說得太長。少敘述故事，除了真正貼切而簡短之外，總以絕對不講為妙。」說話方圓之道一定要記住言語簡潔。

說話如果不說到要害就無法撥動對方內心深處最關心、最敏感的那根心弦，就無法使其動心、動容，改變主意，幡然醒悟。

商品經濟時代，人們開口言商，閉口言商，「利」則成為經商核心的核心。所有的商場競爭，無非都是圍繞一個「利」字。只要你在推銷時，恰到好處地在這個「利」字上掌握分寸，重點突出，相信話不需多，也會卓有成效。

比如，「張廠長，如果你們廠的每條生產線都安裝上我公司高精密度自動控制系統，那你廠產品的一等品率將由現在的八十五%上升到九十八%以上，每天可增加經濟效益十三萬元，所以你晚一天購買，就意味著你每天都要白白地扔掉十三萬元。張廠長，早買早受益呀！」

如此以「利」動人，自然是無往而不利。可見，春色不需多，但見一杏出牆，便知天下皆春了。話語雖短，但一個「利」字，卻這麼了得！

要抓住問題的核心，須少說次要話和廢話，也就是人們常說的，畫蛇不要添足。話要說得適可而止，進退有度。千萬不要長篇宏論，越描越黑，那可是商家大忌！古語說得好：「山不在高，有仙則名，水不在深，有龍則靈。」在我們日常生活中，話不在多，點到就行。在生活節奏日益加快的當今社會，沒有人會有閒心去聽你的滔滔宏論。這就要求你隨時提醒自己，隨時做到把話說到點子上，有道理，有情味，有邏輯性，這樣才算掌握了說話的分寸。

常言所說的「唇槍舌劍」、「天花亂墜」，這兩句話，前者指談話非常精彩；後者是指談話如同一瀉千里的意思。其實，談話並不完全在於多麼精彩，也不在於口若懸河。

專門講些俏皮話和空洞的笑話。相反，儘管談話的時候直截了當地對答，樸實地理解，也仍舊可以得到圓滿的談話結果。反之，空話連篇，言之無物，必然誤人時光。語言還要力求通俗、易懂，如果不顧聽者的接受能力，用文縐縐、艱澀難懂的語言，往往既不親切，又使對方難以接受，結果事與願違。

有的人為人靦腆，總怕和生疏的人會面時無言相對，實際上這是不必要的擔心。因為在社交場合，大多數影響談話氣氛的不是出於那些講話太少的人，而是出於那些講話太多的人。即使自己不能談笑風生，只要做到有問必答，回答問題合情合理就可以了。

當然，交談中注重語言的精煉準確，並不是說總是拼命想自己下一句要說什麼，過多的咬文嚼字，不但不能聽清對方在說麼，也會失去自己控制談話的能力，顯得緊張和語塞，出現相反的談話效果。

讓對方覺得自己錯了

在現代交際中，很多時候我們都需要去說服別人，讓別人服從自己的言論或想法甚至是作為。但我們經常會陷入無休止的爭論當中，誰也說不服誰，到頭來不歡而散，甚至有可能演變成全武行。

卡內基曾指出，所謂的說服是：「替對方的行動製造契機，喚起對方行動的欲望、情感等。將自己希望對方做的事情，一步一步轉變成對方自願的行為。」在這個過程中，你除了讓對方充分理解你的目的外，更應該讓他清楚知道，你的觀念比之他的堅持有怎樣的優越性。其實，說服就是把你所想表達的描述成具體的「形象」灌輸到對方的心中。因此，我們在努力說服別人的時候，需要及時地變通，充分分析一下彼此做法的差異及利弊，並且迂迴表述讓對方能夠自覺認識到自己的盲點或錯誤，順從你的闡述和看法。

在說服他人的過程中，我們經常會遇到一些狂妄的對手，他們總是喜歡表現自己，想讓別人知道自己很有能力，處處想顯示自己的優越感，因而獲得別人的敬佩和認可。

也正因如此，他們很難接受其他的觀點或建議。那麼，想要說服這類人，我們就需要在心理上動點腦子了。因為開誠佈公地直接向對方灌輸我們的觀點，如「我認為……」、「你這樣是不對的……」等，不僅不能說服對方，還很容易惹怒對方。究竟該怎麼辦呢？法國哲學家羅西法古說：「如果你要得到仇人，就表現得比你的仇人優越吧；如果你要得到朋友，就要讓你的朋友表現得比你優越。」這句帶給我們一個啟示，謙虛謹慎更能得到他人的信任，因為謙虛，你會贏得對方的尊重，這樣你就更有可能說服他。

有一次，一位無神論者向巴里挑戰，要他證明他無神論主張的錯誤。巴里不疾不徐地拿出錶來，打開了錶盒，說：「假若我告訴你，這些小杆、齒輪和彈簧是自己做成自己，再把自己拼湊在一起，並自己開始轉動的，你是否要懷疑我的智慧呢？當然你一定會。但是抬頭瞧瞧那些星星，它們顆顆都有自己完美而特定的軌道和運動。地球與行星們圍繞著太陽，每日在太陽系中以百萬英里的速度向前飛奔。每顆恒星是另一個太陽，各領一個星群，在太空裡如我們的太陽系般往前奔去，然而卻沒有碰撞、沒有干擾、沒有混亂，而且安靜、有效率、有控制。這樣的現象，會使你相信它們是自己發生的，還是有人將它造成這樣的？」

試想，如果一開始就反駁對手說：「沒有神？別傻了，你根本不知道自己在胡說些什麼。」結果會怎樣？這位無神論者可能會拍案而起，拼命地為自己的意見而戰，像隻被激怒的山貓。因而一定是引起一場唇槍舌劍，咬文嚼字的大戰隨後跟至，既無益，又充滿火藥味。為什麼呢？就像奧斯錐博士說的：「它們是他的意見，他珍貴而不可或缺的自尊受了威脅，他的驕傲已岌岌可危。」

驕傲既然是人性中一個基本而易爆的特性，聰明的做法，是否應該讓一個人的驕傲為我們所用，而不是與它作對？如何來做呢？照巴里的樣子，展示給我們的對手看，讓他感覺到，我們所主張的與他已經相信的某些事情其實很相似。這樣便會使他易於接受，而不至拒我們的主張於千里之外，這樣便會避免相反或對立的意念在他腦海裡產生，因而破壞了我們說服的效果。

每個人都希望能得到別人的肯定評價，都在不自覺中強烈維護著自己的形象和尊嚴，如果談話對手過分地顯示出高人一等的優越感，那麼他就會認為是對他自尊和自信的一種挑戰與輕視，排斥心理也就隨即產生了。所以，在說服他人的過程中，有其是那些桀驁不馴的人，我們應該儘量忽略自己，而多長對方氣勢，以此讓對方從心理上感到一種滿足，使他願意聽取你的建議。

詼諧地說「不」，給對方留面子

當你不得不拒絕別人時，也要講究禮貌，給被拒絕的人留面子。

人都是有自尊心的，一個人有求於別人時，往往都帶著惴惴不安的心理，如果一開口就說「不行」，勢必會傷害對方的自尊心，引起對方強烈的反感，而如果話語中讓他感覺到「不」的意思，因而委婉地拒絕對方，就能夠收到良好的效果。所以掌握好說「不」的分寸和技巧就顯得很有必要。

有人認為受人請託，倘若拒絕，面子上過不去，若不拒絕又實在無能為力。如此一來，只好勉強答應，結果發生後悔的情形就相當常見了。

事實上，那些顧於面子不敢說「不」的人其實是自己意志不堅。他們通常認為斷然拒絕對方的請求未免顯得太過無情，而若是在答應後方覺不妥，且又力不從心難以履行諾言時，再改變心意拒絕對方，顯然已經太遲。因為，等無法做到允諾的事情，再提出拒絕，給人的印象更糟。甚至需要付出相當的代價去彌補缺失或兌現承諾。如果這件事只限於個人的煩惱，還稱得上不幸中的大幸，而如果因為拒絕產生怨恨甚至敵視，演變成雙方人際關係上的對立與衝突，豈不更得不償失？

在與人交往的過程中，我們經常會遇到很多自己不願意做的事。這時，只要我們輕易地說出一個「不」字，也許就能輕鬆、坦然了，但有些人就感覺這個「不」一字千金，憋足了勁也說不出口，結果苦了自己，也苦了別人。所以，該說「不」時，我們要毫不猶豫、斬釘截鐵地說「不」。

敢於說「不」的人是果斷的人，做事情不會拖泥帶水、猶豫不決；敢於說「不」的人是有主見、有魄力的人。當然隨意說「不」的人也可能是輕率而怕負責任的人。我們需要的是在慎重考慮以後，權衡利弊以後的斷然否決。敢於說「不」是需要勇氣的，很多不敢說「不」的人往往缺乏勇氣，顧慮太多。敢於說「不」能給自己樹立一個硬朗的形象，這是一種人格魅力。

美國總統羅斯福在就任總統之前，曾在海軍部擔任要職。有一次，他的一位好友向他打聽海軍在加勒比海一個小島上建立潛艇基地的計畫。羅斯福神祕地向四周看了看，壓低聲音問道：「你能保密嗎？」「當然能。」「那麼，」羅斯福微笑地看著他，「我也能。」他的朋友明白了羅斯福的意思，就不再打聽了。

敢於說「不」是對自己的負責，也是對別人的負責。應該說「不」的不外乎兩種情況：一種是對方無理的要求，另一種是對自己無能為力的要求。對於無理的要求，當然應該斷然拒絕，否則可能既害自己又害別人。面對一個輸紅了眼、要你從銀行挪用十萬元的賭徒，如果你抱著僥倖心理再加上同情心和哥們義氣，滿足他的要求，結果必然是一同被繩之以法。對於自己無能為力的要求，也應該婉言拒絕，否則，會給自己的生活帶來麻煩，而且因為最終滿足不了別人的要求，不光影響自己的信譽，也可能讓人產生誤解。有時，說「不」利己也利人。

很多人擔心的就是由於人情關係、利害關係，而很難開口說個「不」字。這時候，你可以採用婉拒。要拒絕、制止或反對對方的某些要求、行為時，你可以利用哪個人的原因作為藉口，避免與對方直接對立。比如：「今晚打幾圈麻將吧！」「下班後一起到XX餐廳喝一杯吧！」當你面對這些請求時，該如何拒絕呢？

在這種情況下，我們可以用親人作為「擋箭牌」，你可以這樣說：「抱歉，我媽在等我回家呢！」「說實在的，我老婆……」「小孩今天身體不舒服，我得趕回去……」這樣，別人就不好強求了。

還可以以工作或功課為理由來拒絕對方。有位朋友，如果有人對他說：「今晚去喝一杯吧！」他總是回答：「今晚我必須到老師家學習英語……」

還有位司機常有同事邀請他一同參加他們的聚會，由於這位司機不太習慣那種場合，總是盡力推辭。從他的工作性質來說，每天很忙，所以也往往以此為理由，對他們說：「我明天要早起出車，今晚必須早點休息。」就這樣輕易將聚會推辭了。

用拖延來表示拒絕，也是一種方法。比如你不想去參加某人的宴會，可以對他說：「謝謝，可是今晚我沒辦法過去，下次我有空一定去。」表面上並沒有拒絕對方邀請，只是改個日期而已，但這個「下次」是沒期限的，聰明人一聽就知道這是一種委婉的拒絕。當然，這比「沒空，不去！」更容易讓對方接受。

對一般人說「不」就已經很難了。如果對朋友說「不」就更是難上加難。這主要是因為礙於情面，怕傷了情分。找一個看似合情合理的藉口，讓朋友覺得遭到拒絕是必然的，並非有意。比如有朋友向你借錢，你可以把責任推到太太身上，「太太管家」是一般的家庭規則，相信朋友也不好再開口了。

用暗示做隱晦的拒絕

現實生活中，若想人際關係順暢，我們一定要學會一套巧妙的暗示拒絕法，在短時間內表達出「不」的意思，把正事辦妥，並且做到不傷對方。

當你遇到朋友的過分的要求時，當你遇到同事的苛刻要求時，當你遇到推銷員的無盡糾纏時……該如何去拒絕呢？「不」字是很難說出口的，弄不好當場就會傷了大家的和氣。

美國出版家赫斯托在三藩市辦第一張報紙時，著名漫畫大師納斯特為該報創作了一幅漫畫，內容是喚起公眾來迫使電車公司在電車前面裝上保險欄杆，防止意外傷人。然而，納斯特的這幅漫畫完全是失敗之作。發表這幅漫畫，有損報紙品質。但不刊這幅畫，怎麼向納斯特開口呢？

當天晚上，赫斯托邀請納斯特共進晚餐，先對這幅漫畫大加讚賞，然後一邊喝酒，一邊嘮叨不休地自言自語：「唉，這裡的電車已經傷了好多孩子，多可憐的孩子，這些電車，這些司機簡直不像話……這些司機真像魔鬼，瞪著大眼睛，專門搜索著在街上玩的孩子，一見到孩子們就不顧一切地衝上去……」聽到這裡，納斯特從坐椅上彈跳起來，大聲喊道：「我的上帝，赫斯托先生，這才是一幅出色的漫畫！我原來寄給你的那幅漫畫，請扔入紙簍。」

故事中，聰明的赫斯托，透過自言自語的方式暗示納斯特的漫畫不能發表，讓納斯特欣然地接受了意見。

另外，透過身體動作也可以把自己拒絕的意圖傳遞給對方。當一個人想拒絕對方繼續交談時，可以轉動脖子、用手帕拭眼睛、按太陽穴以及按眉毛下部等漫不經心的小動作。這些動作意味著一種信號：我較為疲勞、身體不適，希望早一點停止談話。顯然，這是一種暗示拒絕的方法。還有，微笑的中斷、較長時間的沉默、目光旁視等也可表示對談話不感興趣、內心為難等心理。

某天，為了配合下午的訪問行程，小王想把甲公司的訪問在中午以前結束，然後依計畫，下午第一個目標要到乙公司拜訪。但是，甲公司的科長提出了邀請：「中午了，一起吃中飯吧？」

小王與甲公司這位科長平常交情不錯，又是非常重要的客戶，不能輕易地拒絕。但是，和這位愛聊天的科長一起吃中飯，最快也要磨蹭到下午一點後才能走，小王要怎樣才能不傷和氣地拒絕呢？答案就是在對方表示「要不要一起吃飯」之前，小王就不經意地用身體語言表示出匆忙的樣子，比如說話語速加快或自然地看看錶等。

所以，動作暗示確實是個非常不錯的拒絕方式，但也要記住：暗示的時候千萬不要提早露出坐立不安地神情，急得讓人懷疑你合作的誠心。

你不能?不知的
處世心理學

Chapter 2

讓人心服口服的說服心理學

利用權威心理和角色扮演說服對方

在說服別人的時候，抬出權威來說話或者利用角色扮演「如果讓你換成我，你該怎麼辦」，來說服他人，會產生很好的說服效果。

有些推銷人員在賣人壽保險的時候，他們喜歡提到權威人士。他們說：「你們工廠的經理也買我們的人壽保險。」大家會說：「噢，我們公司的經理那麼精明能幹，他們都買你們的人壽保險，看來你們的人壽保險是不錯，買吧。」他沒有經過很深的判斷，他就這麼做了。這就是利用了權威的心理。有的時候沒有這種權威人士給你做宣傳，那該怎麼辦呢？這時可以用數字、用統計資料，因為一般人認為數字是不會騙人的，比如說：這家工廠用了我們的機器後，產量增加二十％，那個工廠用了我們的電腦後，效率提高了五十％。那麼你把這些數字拿給客戶看，客戶很容易就接受了。

有的時候，統計數字還太少，產品剛剛發行，還沒有那麼多客戶的時候，還有一種方法，就是用前面的顧客買了他們的產品覺得滿意傳來的評價。這個時候，這種做法對新顧客，對一些小的公司也能起一定的影響作用，這就是權威的心理。利用角色說服對方「讓你換成我，你該怎麼辦？」這種說服法利用了「角色扮演」使對方有互易立場的模擬感覺，藉此模擬感覺而達到說服對方的目的。

美國人際關係專家吉普遜，他認為他的好友之一，某陸軍上將之所以有今日之成就，完全得力於他有了超人的說服技巧。他說：「他從小就憧憬著軍旅生涯，一九二九年美國經濟恐慌，人人被生活逼得走投無路，年輕人都一窩蜂擠入各兵種的軍事學校。他特別鍾情於西點軍校，可是有限的名額早就被有門路人的子弟佔據了。他只是個小平民，於是乎，他鼓起勇氣，一一拜訪地方有頭有臉的人物，不怕碰釘子，勇敢地毛遂自薦：「我是個優秀青年，身體也很棒，我平生最大的意願，是進西點報效國家，如果您的子弟和我一樣處境，請問這怎麼辦呢？」

沒想到，這些有辦法的人物，經過他這麼一說，十之八九都給了他一份推薦書。有的人更積極為他打電話，拜託國會議員，最後他終於成了西點軍校的學生了。

任何人對自己的事，總是懷有了很大的興趣和關切。這位年輕人如果不以「如果您的子弟和我一樣」作為攻心戰術的話，他哪能有今日的成就！

要說服別人，先得使他進入情境，對你的問題感同身受，興起關切之心。別人在回答「如果你是我……」的問題時，不自覺地便把自己投射在該問題中了，最起碼的收穫，他的回答已經為我們提供了較客觀的解決方法。

發現說服對象的弱點

說服他人接受你的觀點，就要先讓對方多說話以暴露他的弱點，然後以此為目標，就可以達到說服的目的。

當你想改變一個人做某一件事的方法，將新方法推薦給他時，他不一定願意採用你的新方法，他會感覺還是老方法好。即使你是上司，也要記得，說服總比強迫好，用說服的方法會使你得到更大的好處，更長遠的好處。

你的目的不外是讓他拋棄他的舊思想，接受你的新思想，但是除非他完全相信你的新方法好於他的舊方法，而且還能給他帶來更大的好處，他才可能放棄他的舊思想，接受你的新思想。為了使別人更順暢地接受你的思想，要引導他客觀地、實事求是地檢查他自己的情況，以便於你指出並暴露他的弱點。

當你想說服某人接受你的觀點時，最好是先讓他開口說話，讓他替他自己的情況辯護。但你心裡清楚你佔有優勢，這樣，他說著說著就不可避免地要暴露出自己的弱點，你可以用這些弱點攻破他的防線，但最好還是讓他自己發現自身的弱點。

你怎麼才能讓他透露他的觀點呢？不妨向他提出一些主要的問題。為了幫助你儘快掌握這種方法。讓我們聽聽一家大公司的企業關係部主任貝內特女士是怎麼說的。

「如果我的一個新計畫或者一種新思想遭遇一個雇員的阻力，我總會想方法聽聽他的意見。」貝內特女士說，「他的意見總能給我一些提示，讓我找到向他發問的門路。因為他在談話中，會多多少少暴露出一些弱點，實際上，他也知道這些弱點，但這些弱點對我都是大有幫助的。我請他把反對理由的要點再考慮幾次，然後透過詢問他還有什麼其他想補充的以發掘更多的情況。

透過詢問一系列的問題，我能夠得到他認為是重要的各種情況。在宣佈我的主張之前，我要告訴他我對他的觀點很感興趣。一開始我讓他多講話，但絕不能讓他操縱這次對話。我要透過提問來控制形勢，我越問，他的話就會越少，到後來就會張口結舌。這樣，我就完全掌握了主動權。

如果你想確保你的思想方法戰勝他的思想方法，你就讓他設身處地發現他自己的弱點，那樣他就會心甘情願地接受你的觀點了。」

你也可以像她那樣做，如果你讓說服對象先發表他們的看法，他們就會暴露他們的思想，因而你就會發現他們的弱點。當他們意識到自己在談話中有漏洞的時候，就會更願意接受你的觀點。

當然，如果你發現他的舊方法比你的新方法更好，則應保留舊方法而丟棄你的新方法，其結果依然對你有利。

當你發現了對方弱點的時候，你就可以用這個弱點說服他接受你的觀點。當他明白那確實是他的弱點的時候，他就會敞開胸懷接受你的建議。

人是趨利避害的動物

首先應充分考慮對方的利益，再考慮自己的利益，然後將兩者合併起來，找出雙方共有的利益所在，最後再著手進行勸說。

相信你一定經歷過，在說服別人或想拜託別人做事情時，不管怎樣進攻或懇求對方，對方總是敷衍應付，漠不關心。這時你首先要消除對方心理上的漠不關心，然後再說服誘導。在推銷方面，推銷員為了喚起顧客的注意，並達到八十%的購買率，往往是先誘導，後說服。

通常，我們行動的目的都是「為自己」，而非「為別人」。如果能夠充分理解這一點，那麼想要說服他人就有如探囊取物般容易了。只要瞭解對方真正想追求的利益何在，進而滿足他的欲望，便可達到目的。但是，將這條最基本要件拋於腦後的卻也大有人在。他們沒有滿足對方最大的利益，一心一意只是想要滿足自己的私欲。我們可以看看下面這個故事：

某酒廠的負責人成功研發了新水果酒，為求儘快讓產品打進市場，於是他決定說服社長批准進而大量生產。

「社長，又有新的產品研發出來了。這次的產品是前所未有的新發明，絕對能暢銷。連我都喜歡的東西，絕對有市場性。我敢拍胸脯保證。」

「什麼新產品？」

「就是這個，用梨汁釀製的白蘭地。」

「什麼？梨汁釀的白蘭地？那種東西誰會喝？況且喝白蘭地的人本來就少，更別說用梨汁釀的白蘭地……就是我也不會去喝。不行！」

「請你再評估評估，我認為很可行。用梨汁釀酒本來就不多見，再加上梨子有獨特的果香，一定很適合現代人的口味。」

「嗯，我覺得還是不行。」

「我認為絕對會暢銷……請您再重新考慮一下。」

「你怎麼這樣嘮叨？不行就是不行。」

「好歹也要試試看才知道好壞，這是好不容易才研發出來的呀！」

「夠了，滾吧！」

最後，社長終於忍不住發火。這位負責人不僅沒能說服社長，反而砸掉了自己的名聲。

負責人這樣的勸說不僅充分顯露不顧他人立場的私心，還打算強迫他人贊同自己的意見。碰到這種自私自利、妄自尊大不知天高地厚的傢伙，別人只會感覺：「瞧他口氣，根本是個主觀主義者，只會考慮自己的傢伙，還想把個人意見強加於別人！」如此一來，怎麼可能贏得說服的機會呢？

因此，無論如何，都應該考慮以對方利益為出發點的勸說方式。先不要急著說雙方沒有共同的利益，一定會有的。重要的是，不要放棄，直到找出為止。

一層一層剝筍，一步一步說服

在說服他人的過程中緊扣主題，從一點切入，由小至大，由遠至近，由淺到深，由輕到重，逐層展開，直至發現問題的本質，進而達到引誘對方就範的目的。

心理學家曾進行了一個著名的試驗：把一隻青蛙放到盛有沸水的鍋裡，牠會在瞬間跳出。如果把牠放到冷水的鍋裡，再慢慢加熱，等到牠覺得忍受不了水的溫度跳出時，自己已經無法動彈身體了。這個實驗的方法運用到說服別人的時候就是層層剝筍，步步緊逼。

有的人為了讓他人接受自己的意見，往往會在最開始的時候問一些看似跟主題無關緊要的話，被問者也是非常不在意的回答，但到了最後，當被問者突然意識到問話者話裡有話的時候，為時已晚，他已經掉到對方設的陷阱裡，爬不出來了。

所以說，面對一時不好解決的問題，透過巧妙的問話由淺及深，層層遞進，最終便可以輕鬆解決問題。

有一天，孟子覺得齊宣王有些作為並不能與一個好國君相稱，於是對齊宣王說：「假如你有一個臣子把妻子兒女託付給朋友照顧，自己到楚國去了，等他回來時，他的妻子兒女卻在挨餓、受凍，對這樣的朋友該怎麼辦？」

齊宣王不知道孟子的用意，於是非常乾脆地回答說：「和他絕交！」

孟子又問：「軍隊的將領不能帶領好軍隊，應該怎麼辦？」

齊宣王也覺得問題太簡單，於是以更加堅定的口氣回答：「撤掉他！」

孟子終於問道：「一個國家沒有治理好，又該怎麼辦呢？」

齊宣王這才明白了孟子的意思——國家治理不好，應該撤換國君。雖然他不願接受這種觀點，但是在孟子層層剝筍的巧妙言說之下，也只有忍受這種觀點了。

故事裡，孟子給齊宣公提了三個問題。這三個問題有遞進的內在邏輯，與齊宣公的關聯程度也越來越深，最開始他沒有意識到孟子問這些話到底是因為什麼。前兩個問題的目的性非常模糊，直到最後一個問題提出，他才頓悟：原來，一件事做的不當，是要付出代價的，孟子是在用這樣的方式提醒我啊。

說服別人是要講究技巧的，如果孟子一開始就提出第三個問題，齊王非但不會改，反而可能會加罪於他，這就有些得不償失。

層層剖析，由淺入深不但可以在最開始隱藏自己的真實目的，還可以顧及對方的接受程度，慢慢地將對方「吃進」。這種說服方法就像剝筍，筍子在成為竹子之前，有多層外皮包裹，剝筍時總得一層層地剝開，才能剝到所需要的筍心。總之，恰當地運用層層剝筍術，可使我們的論證一步比一步深化，增強我們語言的說服力量。

同步心理被說服是理所當然的

什麼是同步心理呢？同步心理就是凡事想跟他人同步調、同節奏，也就是「追隨潮流主義」，是那種想過他人嚮往的生活、不願落於潮流之後的心理在作祟。利用不同步心理去說服他人，往往能收到很好的效果。

由於同步心理的存在，那種不顧自身財力和精力，也不管是否真心願意而豁出去做的念頭，就很容易趁勢而入，支配人們的行為，促使人們盲目地做出與他人相同的舉動，因而陷入生活拮据的窘境。「大家都這樣」等字眼的頻繁使用，正是這種同步心理的表現。

妻子：「聽說小張買了房子，而且還是座小型花園別墅，總共有四十坪。真好啊！我們的一些朋友都已經陸續有了自己的家。唉，真是讓人羡慕，什麼時候我們也能和他們一樣呢？」

丈夫：「啊，小張？真是年輕有為啊！我們也得加快腳步才行，總不能在這裡待上一輩子吧。可是貸款買房利息又重得嚇人。」

妻子：「小張還比你小五歲呢，為什麼人家可以你就不行？目前貸款買房的人比比皆是，況且我們家也還負擔得起。試試看嘛！不如這個星期我們去看看吧。現在正是促銷那種花園別墅的時機呢。買不買是另一回事，看看也不錯！」

於是星期天一到，夫婦倆就帶著孩子去參觀正在出售的房子。

妻子：「這地方真好！環境好又安靜，孩子上學也近，而且房價也是我們負擔得起的。一切都那麼令人滿意，不如我們登記一戶吧！」

丈夫：「嗯，是啊，的確不錯。我們應該負擔得起，就這麼決定吧！」

這位妻子為何能夠如願以償呢？因為她成功地掌握了丈夫的同步心理，進而採取相應的說服對策。她先舉出鄰居張先生的例子，繼而運用「大家都買了房子」、「大家都不惜貸款買房」等一連串話語來激發丈夫的同步心理。通常人們在受到這類刺激後就很容易變得沒主見，掉入盲目附和的陷阱。所以，推銷員或店員經常會搬出「大家都在用」或「有名的人也都用」等推銷話語，促使人們毫不猶豫地接受。因此，與人打交道的過程中，抓住同步心理這一點，說服其實已經不難進行了。

利用從眾心理，以眾敵寡將其同化

要勸服一個人遵從自己的意見，可以採取以眾敵寡、逐漸同化的方法。一個人唇焦舌乾地苦苦相勸，可能並不能達到說服的效果，而讓多個人輪流去勸說，就會給對方造成壓力，使其被同化。

美國人詹姆斯．瑟伯曾寫過這麼一段文字：

突然，一個人跑了起來。也許是他猛然想起了與情人的約會，現在已經遲到很久了。不管他想些什麼吧，反正他在大街上跑了起來，向東跑去。另一個人也跑了起來，這可能是個興致勃勃的報童。第三個人，一個有急事胖胖的紳士，也小跑起來……十分鐘之內，這條大街上所有的人都跑了起來。

嘈雜的聲音逐漸清晰了，可以聽清楚「堤防」這個詞。

「決堤了！」這充滿恐怖的聲音，可能是電車上一位老婦人喊的，或許是一個交警說的，也可能是一個男孩子說的。沒有人知道是誰說的，也沒有人知道真正發生了什麼事。但是有兩個人都突然奔逃起來。

「向東！」人群喊叫了起來。東邊遠離大河，東邊安全。「向東去！向東去！」人們都喊著……

上文所描述的其實是人們的「從眾心理」。在日常生活中，人們的很多行為也都受從眾心理的影響。例如，大街上有兩個人吵架，本來沒有什麼大事，但圍觀的人越來越多，甚至導致交通堵塞。在超市的特價商品區，一大群家庭主婦爭先恐後地搶購一些她們未必需要而價格也未必實惠的商品……

這些就是「從眾行為」，通俗地說就是「人云亦云」，大家都這麼認為，我也就這麼認為；大家都這麼做，我也就跟著這麼做。

為什麼會產生從眾行為呢？這是因為，群體成員如果發現自己的行為和意見與群體不一致，或與群體中大多數人有分歧時，就會感到有壓力，這種壓力促使他趨向於與群體保持一致。也只有與眾人保持一致，才會有「沒有錯」的安全感，即使錯了，也會因為「大家都這樣」而感到安慰。

在生活中，如果我們可以恰到好處地應用從眾心理，其實它可以成為一種十分有利的武器，幫助我們起到同化對方的作用，讓對方在寡不敵眾的劣勢下，不得不妥協，而加入到群體之中來。

利用從眾心理可以幫助我們集聚眾人、增加人氣，也可在絕大多數人的意見一致時，對個別人起協調作用，使之與集體保持一致，可概括為：以眾敵寡，逐漸同化。例如，與其用說教的方法強迫孩子讀書，不如讓他和喜歡讀書的孩子在一起。雖然剛開始時，他會覺得彆扭，不大合群，但久而久之就會被同化，變得喜歡讀書。

在現實生活中，少數服從多數的原則會對人們形成很大影響，給少數派的人造成很大的壓力，使其心理立場發生動搖，最終放棄自己的主張而被別人同化。有時，我們為了獲得這樣的效果，則需要製造一種以眾敵寡的壓倒式局面和氛圍，使對方就範。

歸謬說服，讓強勢的他主動讓步

所謂歸謬說服，與直接反駁對方的錯誤觀點大相徑庭，而是先假設對方的觀點言之有理，然後據此引申出一個連對方也不得不承認其荒謬的結論，因而心甘情願地放棄原有的錯誤觀點和主張，無條件地接受說服者輸出的思想資訊。

實踐已使許多人懂得，當我們面對強勢、惡勢的人，或者固執己見的人時，直接反駁其錯誤會有諸多的不便，而最有效、最巧妙的方法當屬歸謬說服方式了。

優孟是楚國的藝人，身高八尺，喜歡辯論，常常用詼諧的語言婉轉地進行勸諫。

楚莊王有一匹心愛的馬，給牠穿上錦繡做的衣服，讓牠住在華麗的房子裡，用掛著帷帳的床給牠做臥席，用蜜漬的棗乾餵養牠。結果馬得肥胖病死了，於是莊王讓臣子們給馬治喪，要求用棺槨殯殮，按照安葬大夫的禮儀安葬牠。群臣紛紛勸阻，認為不能這樣做。

莊王急了，下令說：「有誰敢因葬馬的事諫諍的，立即處死。」

優孟聽到這件事，走進宮門，仰天大哭。莊王吃了一驚，問他為何而哭。優孟說：「這馬是大王所心愛的，堂堂的楚國，只按照大夫的禮儀安葬牠，太寒磣了，請用安葬國君的禮儀安葬牠吧。」

莊王問：「怎麼葬法？」

優孟回答說：「我建議用雕花的美玉做棺材，用漂亮的梓木做外槨，用楩、楓、樟各色上等木材做護棺，發動士兵給牠挖掘墓穴，讓年老體弱的人背土築墳，請齊國、趙國的代表在前面陪祭，請韓國、魏國的代表在後頭守衛，要蓋一所廟宇用牛羊豬祭供牠，還要撥個萬戶的大縣長年管祭祀之事。我想各國聽到這件事，就都知道大王輕視人而重視馬了。」

莊王說：「我的過錯竟然到了這個地步嗎？現在該怎麼辦？」

優孟說：「讓我替大王用對待六畜的辦法來安葬牠。堆個土灶做外槨，用口銅鍋當棺材，調配好薑棗，再加點木蘭，用稻米作祭品，用火光做衣服，把牠安葬在人們的肚腸裡吧！」莊王當即就派人把死馬交給太官，以免天下人張揚這件事。

在說服他人的過程中，抓住對方觀點中隱蔽的荒謬點，加以推衍，或由此及彼，或由小到大，或由隱到顯，最後得出一個荒謬可笑的結論，因而攻破對方錯誤的論點。這種說服方法用在對待某些惡人時，會達到一種辛辣諷刺的效果，使其知難而退，因而達到軟性說服的目的。

說服可以說是無處不在的，面對朋友、家人、同事，甚至陌生人時，說服都有可能發生。而當我們面對強勢或惡勢的時候，說服尤為困難，在這兩者面前，說服最適宜採用引申歸謬的方法。

要讓他覺得這是他自己的意見

每個人對強迫他買什麼東西或做什麼事情都會感到不快。但是如果讓他自己主動買東西或做事就不同了。因此，若想要人們根據您的觀點辦事，請記住「讓別人覺得給他出的主意不屬於您，而出於他自己。」

羅斯福在紐約州當州長的時候，猶如一個出色的外交家。他和那些政治活動家們保持良好關係的同時，又成功地進行了不合他們心意的改革。

他是這樣獲得成功的：每當任命一個人擔任什麼重要職務的時候，他總是邀一些政治活動家共同商討。「首先」，羅斯福說，「他們會推薦明顯不適宜的候選人。我對他們說，任命這個人政治上是不適宜的，因為社會輿論通不過。隨後，他們又向我提出另一個人選，但對這個人既說不出他的長處，也找不到他的短處。通常我就說，輿論界不希望這種人佔據這個位置。我請他們另舉賢能。

第三個候選人比較合適些，但仍不完全合適。最後我對他們表示感謝並請他們再考慮一下，於是他們就提出了我自己選中的那個人。對他們的幫助表示感謝的同時，我宣佈了對這個人的任命。我對政治活動家們說，為使他們滿意我是盡力而為了。現在該輪到他們助我一臂之力了。他們也沒有忘記我對他們的幫助。在需要的時候，他們支援了我提的候選人。」

這裡請注意，羅斯福是傾心聽取他人建議的。每當羅斯福任命誰擔當重要職務時，他總是讓政治活動家們感到這是他們自己推選出的候選人，表現了他們的意圖。

威爾遜當總統時，愛德華·豪斯上校對美國的內外政策產生過很大影響。威爾遜向上校徵詢意見多於自己的內閣成員。

這位上校運用何種手段使得他對總統有如此大的影響力呢？幸好我們對此有些瞭解，因為有些情況豪斯親自對亞瑟·史密斯說過，而史密斯在一篇文章中又援引過他的話。

「和總統關係密切後」，豪斯說，「若想要他相信某個想法是正確的，最好不過的辦法就是向他順便說出這種想法，這樣能使他對此感興趣，使他覺得這個主意是他想出來的。這一次這樣做時我就發現這種辦法意外地有成效。我曾到白宮極力勸說總統承認他所贊成的政策是不正確的。幾天後竟聽到總統把我的觀點當做他自己的觀點說了出來，真使我感到驚訝。」

「這不是您的想法，而是我的想法。」豪斯是否會這樣打斷總統的講話呢？當然不會。他很機智、靈活，他不需要誇獎，他要的是效果。他能使威爾遜總統把他的意見當做總統個人的意見。有時他竟能大聲誇耀威爾遜的這個意見是正確的。

由此，我們要牢記，每天跟我們打交道的人都同樣存在著像威爾遜的這種弱點。因此，我們要像豪斯那樣為人處世。

指桑罵槐，迂迴說服

所謂指桑罵槐，還有一個漂亮的別名叫「春秋筆法」，即明明對某人某事不滿，但並不直接攻擊，而是採用迂迴的方式表露自己的意願。

有個人在朋友家做客，天天喝酒，住了很久還沒有啟程之意，主人實在感到討厭，但又不好當面驅逐。

一次兩人面對面坐著喝酒，主人講了這麼一個故事：「在偏僻的路上，常有老虎出來傷人。有個商人販賣瓷器，忽然遇見一隻猛虎，張著血盆大口，撲了過來。說時遲，那時快，商人慌忙拿起一個瓷瓶投了過去，老虎沒離開，又拿一瓶投了過去，老虎依然不動。一擔瓷瓶快投完了，只留下最後一個，於是他手指老虎高聲罵道：『畜生畜生！你走也只有這一瓶，你不走也只有這一瓶！』」

客人一聽，拔腿就走了。主人明說老虎暗指客，這種暗示性的警告達到了逐客的效果，避免了主客的正面交鋒。對於某些人的愚蠢行為，通常應該直言不諱，立刻制止，然而，在某種特殊情況下對某些特殊人物，直接進行口舌交鋒，往往達不到你要的效果。此時，指桑罵槐的說服手法就派上用場了。

當一個上司要責備屬下時，也可以使用這種技巧。譬如，雖然你明明是要責備乙的不是，但你並不正面指責，而以指桑罵槐的方式來責備甲，因為此時你若是責備乙，乙的心裡必感到難受，對日後的改進不見得就會有效，何況你們二人之間尚有一段距離。但是為何又要責備甲呢？因平時你與甲之間已不存在隔閡，即使甲也犯了同樣的過錯而受到上司的指責，也不會感到十分在意。但是，因為當時乙也在場，他聽後心裡會想「原來這樣的過錯我也犯過」，於是乎你的目的便已達到。

而此時的乙也絕不會認為「反正這是別人的錯，不關己事」，反而會因為「原來上司是在說我，但他並不責罵我，反而責罵他人來顧全我的臉面」而感激不盡。

可見，指桑罵槐的好處，在於不直接針對具體對象，然而透過故事的情境性，又能轉換出受眾對強調之物的感受性——所謂說的是那裡的閒話，指的其實是這裡的事情。當你對他人的做法感到厭惡，但又不好當面說明；或對某些特殊的大人物，不能直接指出他的錯誤時，尤為適用。

要特別注意，指桑罵槐術不是一種常用的方法，只是在某些特殊的、偶然的場合。如果濫用此術去攻擊同事和朋友，只能導致眾叛親離的惡劣後果。

巧用反抗心理達到自己的目的

人們做任何事情都會有自己的最初的欲望和想法，不希望受到別人的指使或者限制。如果想要改變他們的行為，巧妙地利用反抗心理是可以實現的。同時，我們也要警惕別人對自己的反抗心理的惡意利用。

在日常生活中會十分常見這種情況，就是你越是讓我做什麼，我偏不做；你越是不讓我做什麼，也我偏要做。為什麼人們總是喜歡對著幹呢？其實，這是人們反抗心理的一種表現。

反抗心理是人們彼此之間為了維護自尊，而對對方的要求採取相反的態度和言行的一種心理狀態。這種現象在青少年中是最常見的，其他年齡階段的人群也會有這種心理。於是，在日常生活中，常會有「不受教」、「不聽話」，與別人「衝突」、「對著幹」的事情出現。人們常常透過這種與常理背道而馳的行為，來顯示自己的「高明」和「非凡」，來抗拒和擺脫某種約束，或者來滿足自己的好奇心、佔有欲。

反抗心理是一種常見的心理現象，每個人都有好奇心，因為好奇而想要瞭解某些事物。當這些事物被禁止時，最容易引起人們強烈的好奇心和求知欲。特別是只做出禁止而又不解釋禁止原因的時候，反而更加激發了人們的反抗心理，使人們更加迫切地想要瞭解該事物。因此，你越是禁止，對方越是想知道，形成一種相對的局面。

反抗心理對個人來說，有一定的好處：它能夠張揚個性，突破成規，有利於改變和創新，在一定程度上能夠說明當事人有勇氣和信心，敢於挑戰權威的精神和態度。如果能夠得到合理的激發，則有助於一個人潛力的發揮。

但是如果反抗心理運用不當，則會使人形成一種狹隘的心理定勢和偏激的行為習慣，處處與人對著幹，使自己變得固執、偏激，無法客觀地、準確地認識事物的本來面目，無論何時何地總是下意識地與常理背道而馳，做出錯誤的選擇和決定。

因為反抗心理可以造成這樣的一種心理結果，即你越是制止人們的某種行為，他們越是想要這樣去做；如果你堅持採取某種行動，結果卻會使對方採取相反的行動。利用這種心理效果，我們可以設下一個小陷阱，刺激對方的反抗心理，使其主動地鑽進來，以達到改變人們某種行為的目的。

蘇聯心理學家席拉圖諾夫在《趣味心理學》一書的前言中，特意提醒讀者請勿先閱讀第八章第五節的故事。大多數讀者卻因為被禁止而激發了反抗心理，不僅沒有遵守作者的告誡，而是採取了完全相反的態度，首先便迫不及待地翻看第八章的內容。

其實這也是作者的本意，他正是利用人們的反抗心理達到了讓人們關注第八章的內容的目的。如果他只是在前言中說，第八章的內容很精彩，希望大家仔細閱讀，這樣反而起不了太大的作用。

巧妙地利用別人的反抗心理是可以有效地改變其行為的，我們要善於利用這一點，學會對人們進行善意的規勸和說服，同時也要警惕別人利用反抗心理來激你，使你做出不理智的選擇。

巧用比喻增加說服的美感

在說服他人的過程中，我們如果能選取比較恰當的比喻，把精闢的論述與摹形擬象的描繪揉合在一起，不但能給人以藝術上的美感，而且會更有說服力。

莊子是中國戰國時期著名的思想家。他一生都過著十分清貧的生活。有一天，莊子家裡一點糧食也沒有，他萬般無奈，只好放下手裡的書，拎個袋子到朋友監河侯那裡借點糧食。

監河侯正收拾行裝要外出。莊子見了他，講了借糧的事，監河侯滿口答應：「好說，好說，不過我正要進城收租金，等我回來，一定借給你三百兩銀子，好嗎？」

莊子心想：你進城一趟，來回得半個月，等你回來，我一家人不就餓死了嗎？他想了想說：「老兄啊，剛才我見到一件事，很有意思，你不想聽聽嗎？」

監河侯說：「什麼事，你快說。」他向來特別愛聽新奇的事。

莊子說：「剛才我到你這兒來的時候，在路邊聽見求救的聲音。我到處找，卻沒見人。原來在路旁的河溝裡，有一條小魚，嘴巴一開一閉地在叫著。牠說：『我從東海來，現在快乾死了，先生能不能給我一瓢水，救我一命啊？』我說：『那太少了！你再忍耐一下，等我去找趙國和吳國的大王，請他們堵住西江的水，然後開溝挖渠，把西江水引到這兒來，你就可以順水游回東海了，你看這樣好嗎？』

誰知那條魚聽了很生氣地說：『我現在已經快乾死了，只要一小瓢水就能活下去。你的計畫雖然很好，但等到西江水來的時候，恐怕我早已變成魚乾了，先生只好到乾魚攤上找我了。』」

監河侯聽到這裡，滿臉通紅。他連聲向莊子道歉，喊來家人，給莊子裝了滿滿一袋糧食。

不過，在運用比喻的形式進行說服時，有三方面注意需要牢記：

一、運用比喻必須以生動具體、淺顯易懂、為人們熟悉的事物作比喻，才能使人容易理解和接受。如果運用了人們不熟悉或不好理解的事物作比，聽眾就不知道你到底在表達什麼意思，就不能很好地理解你講的道理。

運用比喻既要形似，更要神似。形似是指外形的相似，作比的兩類事物具有外形的相似點；神似是指不僅要符合事物的外貌，而且要注意掌握和表現事物的特質與神情，揭示事物內在的精神實質。

二、運用比喻要貼切自然，切忌濫用。比喻，作為一種語言表達的技巧，固然能加強表現力，使講話顯得更加生動、具體，但運用時必須自然貼切，富於創造性，濫用比喻可能使原來已經明白的道理變得複雜難懂，適得其反。更不能為了獵奇，矯揉造作、故弄玄虛。同時，要注意發掘運用一些新鮮生動的比喻，別人多次運用的比喻，最好不要再用，否則不會有良好的效果。

三、比喻的喻體和本體必須是屬性不同，但又有極其相似之處（如形態、特徵、性狀等）的兩種事物。屬性相同的事物，沒有比喻的意義，如說「左手像右手」，它既不能引起人們的聯想，也不能產生美感。沒有相似之處的事物不能構成比喻，如不能說「你的頭像他的腳」。頭和腳之間沒有任何相似之處，風馬牛不相及，因此不能作比。

運用比喻說理簡潔明瞭，喻體非常廣泛，俯拾皆是。只要與你說明的道理有內在性質的共同點，就可以信手拈來，達到說理的目的。

你不能?不知的

處世心理學

Chapter 3

善用劣勢反轉局面的吃虧心理學

做隱性投資，捨不得鞋子套不住狼

俗語說，「捨不得鞋子套不住狼」，它向我們形象地傳達了捨小是為謀大的智慧。

麗芬最近心情不好。她的團隊最近正在參加一個化妝品品牌夏季推廣會的比稿，她很努力，而且她對自己這一次的創意很滿意。她覺得這次是她在業內嶄露頭角的機會，所以，她和她的兩個搭檔持續加班，犧牲了好幾個週末。就在她通過一次次的比稿，快要把案子接到手的時候，老闆讓她把這個案子交給另一個同事操作，理由是那個同事與客戶的關係更好，把這個專案接到的把握大一些。

老闆希望麗芬理解，為公司利益有時需做點個人犧牲。眼看著自己的勞動成果被同事拿走，自己的美好前景化作了泡影，麗芬感到心裡悶得慌。從小到大，她的長輩都這麼教導她，為人要謙遜，為人要禮讓，可是她現在真不知道職場到底還要不要謙讓。她懷疑，到了二十一世紀，到底謙讓還是不是一種美德？

人非聖賢，誰都無法拋開七情六欲，但是，要成就大業，就得分清輕重緩急，該捨的就得忍痛割愛，該忍的就得從長計議。麗芬雖然失去了一次絕好的機會，但是相信來日方長，忍下一時的不愉快，可以引爆更大的能量。

中國歷史上劉邦與項羽在稱雄爭霸、建立功業上，就表現出了不同的態度，最終也得到了不同的結果。蘇東坡在評判楚漢之爭時就說，項羽之所以會敗，就因為他不能忍，不願意吃虧，白白浪費自己百戰百勝的勇猛；漢高祖劉邦之所以能勝，就在於他能忍，懂得吃虧，養精蓄銳，等待時機，直攻項羽弊端，最後奪取勝利。

兩王平日的為人處世之不同自不待說，楚漢戰爭中，劉邦的實力遠不如項羽。當項羽聽說劉邦已先入關，怒火沖天，決心要將劉邦的兵力消滅。當時項羽四十萬兵馬駐紮在鴻門，劉邦十萬兵馬駐紮在霸上，雙方只隔四十里，兵力懸殊，劉邦危在旦夕。在這種情況下，劉邦先是請張良陪同去見項羽的叔叔項伯，再三表白自己沒有反對項羽的意思，並與之結成兒女親家，請項伯在項羽面前說句好話。然後，第二天一清早，又帶著隨從，拿著禮物到鴻門去拜見項羽，低聲下氣地賠禮道歉，化解了項羽的怨氣，緩和了他們之間的關係。表面上看，劉邦忍氣吞聲，項羽賺足了面子，但實際上劉邦以小忍換來自己和軍隊的安全，贏得了發展和壯大力量的時間。在現實生活中，我們不一定還會遇到這樣的敵我關係，但無論在怎樣的條件下，想要套住狼，必須先捨得鞋子，懂得「吃虧」是一種隱性投資。

睜大眼睛投注，大捨才能換大得

有付出才會有回報，先要給予才能索取。在商場上摸爬滾打的商人深諳於此道。不過，投注要有眼光，看清楚了再大膽下注，方可用大捨換來大得。

湯姆斯是一位傑出的商業家，他的投資範圍十分廣泛，包括旅館、戲院、工廠、自動洗衣店，等等。出於某種考慮，他還認為應該再投資雜誌出版業。經他人介紹，湯姆斯看中了雜誌出版家傑克先生。

傑克是出版行業的大紅人，很多出版商都爭相羅致，但始終無法如願。如何才能把傑克負責的雜誌弄到手，並將他本人網羅到自己旗下呢？湯姆斯決定不惜重金進行說服。

事先，湯姆斯經過調查和觀察，知道傑克本人恃才自傲，而且瞧不起外行人。但是另一方面，傑克現在已是子孫滿堂，對於獨立操持高度冒險的事業已經沒有當初的興趣，而且對於整日泡在辦公室裡處理日常瑣事早已深感厭倦。因此，給傑克送「東西」，就要同別人送的不一樣。

湯姆斯開門見山地承認自己對出版業一竅不通，需要借助有才幹的人促成事業的成功。接著，湯姆斯把一張二萬五千元的支票放在桌子上，對傑克說：「除這點錢外，我們還要再給你應該得到的那些股份和長期的利益。」

為了解決傑克公務的煩惱，湯姆斯指著幾位部屬說：「這些人都歸你使用，主要是為了幫助你處理辦公室的煩瑣事務。」

當傑克提出所有經濟實惠要現金不要股票時，湯姆斯又耐心地告訴他股票在過去幾年中如何漲價，利益如何可觀，利息如何多，等等，同時還強調，他會向傑克提供長期的安全福利。

對於傑克來說，這些條件不僅滿足了他的迫切需要，還使他的出版業有了足夠資金和擴展業務的財力保證。於是傑克同意將他的雜誌投到湯姆斯的旗下。雙方簽訂了五年的合約，內容包括：付給傑克四萬元現金，其他紅利以股票的形式支付，等等。

湯姆斯很有眼光，看到了傑克背後的潛在價值，於是大膽下注。他選擇「送」的方式，這樣出手也很大方，所作所為也還算「正大光明」。起初在表面上看湯姆斯是主動吃大虧，是在賠，但最後的結果卻是湯姆斯大賺特賺。

可見，「送」表面來看是一種很吃虧的行為，但是看準送背後的潛在價值，敢於去送，捨得本錢，才可有大的收穫。如果在送禮時斤斤計較，患得患失，那還不如不「送」。因為這樣既達不到目的，還會被人小看。

很多時候，吃虧就像在賭博，不僅要有膽量還要有眼光，看準才能大膽去投注，否則你的「送」就會肉包子打狗，有去無回。所以，每次你打算「送」之前，一定要睜大眼睛。

予人玫瑰，手留餘香

學會付出是美好人性的表現，這是一種吃虧哲學，同時也是一種處世智慧和快樂之道。學會分享、給予和付出，你會感受到捨己為人，不求任何回報的快樂和滿足。

在生活中，超越狹隘、幫助他人、撒播美麗、善意地看待這個世界……快樂、幸福和豐收會時時與我們相伴。正如羅曼．羅蘭所言：「快樂和幸福不能靠外來的物質和虛榮，而要靠自己內心的高貴和正直。」

貝爾太太是位有錢的貴婦，她在亞特蘭大城外修了一座花園。花園又大又美，吸引了許多遊客，他們毫無顧忌地跑到貝爾太太的花園裡遊玩。

年輕人在綠草如茵的草坪上跳起了歡快的舞蹈；小孩子衝進花叢中捕捉蝴蝶；老人蹲在池塘邊垂釣；有人甚至在花園當中架起了帳篷，打算在此渡過他們浪漫的盛夏之夜。

貝爾太太站在窗前，看著這群快樂得忘乎所以的人們，看著他們在屬於她的園子裡盡情地唱歌、跳舞、歡笑。她越看越生氣，就叫僕人在園門外掛了一塊牌子，上面寫著：「私人花園，未經允許，請勿入內。」

可是這一點也不管用，那些人還是成群結隊地走進花園遊玩。貝爾太太只好讓她的僕人前去阻攔，結果發生了爭執，有人竟拆走了花園的籬笆牆。

後來貝爾太太想出了一個主意，她要僕人把園門外的那塊牌子取下來，換上了一塊新牌子，上面寫著：「歡迎你們來此遊玩，為了安全起見，本園的主人特別提醒大家，花園的草叢中有一種毒蛇。如果哪位不慎被蛇咬傷，請在半小時內採取緊急救治措施，否則性命難保。最後告訴大家，離此地最近的一家醫院在威爾鎮，開車需要五十分鐘。」

這真是一個絕妙的主意，那些貪玩的遊客看了這塊牌子後，對這座美麗的花園望而卻步了。

幾年後，有人再往貝爾太太的花園去時，發現那裡因為園子太大，走動的人太少而真的雜草叢生，毒蛇橫行，幾乎荒蕪了。孤獨、寂寞的貝爾太太守著她的大花園，她非常懷念那些曾經來她的園子裡玩的快樂遊客。

籬笆牆是農家用來把房子四周的空地圍起來的類似柵欄的東西，有的上面還有荊棘，不小心碰上會扎傷人。籬笆牆的存在是向別人表示這是屬於自己的「領地」，要進入必須徵得自己的同意。貝爾太太用一塊牌子為自己築了一道特別的「籬笆牆」，隨時防範別人的靠近。這道看不見的籬笆牆就是自我封閉。

不懂得與他人分享的自我封閉者，就像契訶夫筆下的裝在套子中的人一樣，把自己扎扎實實包裹起來，因此很容易陷入孤獨與寂寞之中。他們在封閉自己的同時，也把快樂和幸福封閉在外面。

每個人心中都有一座幸福的大花園。如果我們願意讓別人在此種植幸福，同時也讓這份幸福滋潤自己，那麼我們心靈的花園就不會荒蕪。

明處吃虧，暗處得利

世事變幻莫測，人性微妙複雜，大家往往都希望維護自己的利益，贏得越多越好。然而，有時為了盈利，我們在明處吃些小虧是必要的。這樣可以贏取別人的信任，因而在暗處得利。

美國德克薩斯州有一家年代久遠的汽車廠，它的效益一直不好，工廠面臨倒閉的局面。該廠總裁決定從推銷入手，扭轉危機。

採用什麼樣的推銷方法最好呢?總裁認真反思了該廠的情況，針對存在的問題，對競爭對手以及其他商品的推銷術進行了認真的比較分析，最後博採眾長，大膽設計了「買一送一」的推銷方法。

該廠積壓著一批轎車，未能及時脫手，資金不能回籠，倉租利息卻不斷增加。所以廣告中便特別聲明——誰買一輛馳利牌轎車，就可以免費得到一輛卡爾牌轎車。

買一送一的推銷方法，由來已久，使用面也很廣，但一般做法只是免費贈送一些小額商品。如買電視機，送一個小玩具；買錄影機，送一盒錄影帶等。這種給顧客一點恩惠的推銷方式，最初的確能起到很大的促銷作用。但時間一久，使用者多了，消費者也就慢慢不感興趣了。

給顧客送禮給回扣的做法，也是個推銷老辦法。但是，所送禮品的價值或回扣數目同樣都較小，所以也無法吸引起消費的興趣。而這家汽車廠居然大膽推出買一輛轎車便送一輛轎車的「特殊」辦法，果然一鳴驚人。許多人聞訊後不辭遠途也要來看個究竟。該廠的經銷部一下子門庭若市，過去無人問津的積壓轎車很快被人紛紛買走，該廠亦一一兌現廣告中的承諾，免費贈送一輛嶄新的卡爾牌轎車。

如此銷售，等於每輛轎車少賣了不少錢，是不是虧了血本？其實不然，這家汽車廠不僅沒有虧本，而且由此還得到了多種好處。因為這些車都是積壓的庫存車，僅以積壓一年計算，每輛車損失的利息、倉租以及保養費等就已接近了這個數目。而現在，不僅積壓的車全賣光了，而且資金迅速回籠，可以擴大再生產了。

另外，隨著馳利牌轎車使用者的增多，該品牌的市場佔有率迅速提高，其名聲變大的同時，另一個新的牌子卡爾牌也被帶出來了——這一低檔轎車以「贈品」問世，最後開始獨立行銷。這家老汽車廠從此起死回生，生意興隆。

老汽車廠的起死回生，充分驗證了吃虧在競爭中的必要性。表面上讓大家看虧了血本，但銷量與日俱增，庫存量大幅度降低，老款和新款產品捆綁式佔據市場，讓這家企業在背地裡賺大了。

為了整體利益，長遠利益，一定要學會在別人看得見的地方吃虧，使別人對自己產生信任。而自己由吃明虧得到的利益，定會比明爭明鬥要多。

吃虧是福，既然吃了虧就要吃得快樂

智者都認為吃虧是一種福。他們往往能在吃虧中感悟到一種智慧，同時也能夠在吃虧中得到自己的利益，他們認為，既然已經吃了虧，不如豁達一點，把這個「虧」吃得快樂一點，這樣才能有所得。

很多人認為吃虧是必要的，但又是非常痛苦的。其實，說得俗一點，這類人就是沒想開。吃虧是必要的沒錯，因為我們為了得到其背後的利益，一定要這樣做。但是，我們既然已經選擇了吃虧，如果虧得心不甘、情不願，只會讓對方感覺彆扭，甚至影響我們最初期望得到的利益，與其這樣，莫不如開心地去吃這個「虧」，往往還能使原本的期望利益有所增加。

曾有人問李嘉誠的兒子李澤楷：「你父親教了你一些怎樣成功賺錢的祕訣嗎？」李澤楷說，賺錢的方法他父親什麼也沒有教，只教了他一些為人的道理。李嘉誠曾經跟李澤楷說，他和別人合作，假如他拿七分合理，八分也可以，那麼拿六分就可以了。

沒錯，吃虧可以爭取更多人願意與他合作。你想想看，雖然他只拿了六分，但現在多了一百個合作人，他現在能拿多少個六分？假如拿八分的話，一百個人會變成五個人，結果是虧是賺可想而知。

李嘉誠一生與很多人進行過或長期或短期的合作，分手的時候，他總是願意自己少分一點錢。如果生意做得不理想，他就什麼也不要了，願意吃虧。這是種風度，是種氣量，也正是這種風度和氣量，才有人樂於與他合作，他也才越做越大。所以李嘉誠的成功更得力於他的恰到好處的處世交友經驗。

吃虧是福，乃智者的智慧。不管你是做老闆也好，還是做合作夥伴也罷，旁邊的人跟著你有好日子過、有前途，他才會一心一意與你合作，跟著你幹。

有人與朋友一旦分手就翻臉不認人，不想吃一點虧。這種人是否聰明不敢說，但可以肯定的是，一點虧都不想吃的人，只會讓自己的路越走越窄。讓步、吃虧是一種必要的投資，也是朋友交往的必要前提。

生活中，人們對處處搶先、占小便宜的人一般沒有什麼好感。佔便宜的人首先在做人上就吃了大虧，因為他已經處處搶先，從來不為別人考慮，眼睛總是盯著他看好的利益，迫不及待地想跳出來佔有它。他周圍的人對他很反感，合作幾個來回就再也不想與他繼續合作了。合作夥伴一個個離他而去，那他不是吃了大虧嗎？

「吃虧是福」道出的是一種瀟灑的生活態度，也是一種處世的老經驗。生活中總是有一些聰明的人，能夠從吃虧中得到自己想要的利益。更重要的是，他們不會為吃虧而感到糾結和痛苦，而會告訴自己：「既然這個虧有必要吃，或怎麼都得吃，那與其痛苦不堪，不如吃得開心一點。」

用眼前虧換長線利

人們總喜歡用「鼠目寸光」來形容那些沒有長遠眼光的傻瓜，這是很有道理的。因為做人如果有「心機」，有時候因環境所迫，就必須要吃「眼前虧」，否則可能要吃更大的虧。

一天，獅子建議九隻野狗跟牠一起合作獵食。牠們打了一整天的獵，一共逮了十隻羚羊。獅子說：「我們得去找個英明的人，來給我們分配這頓美餐。」

一隻野狗說：「一對一就很公平。」獅子很生氣，立即把牠打昏在地。

其他野狗都嚇壞了，其中一隻野狗鼓足勇氣對獅子說：「不！不！我的兄弟說錯了，如果我們給您九隻羚羊，那您和羚羊加起來就是十隻，而我們加上一隻羚羊也是十隻，這樣我們就都是十隻了。」

獅子滿意了，說道：「你是怎麼想出這個分配妙法的？」

野狗答道：「當您衝向我的兄弟，把牠打昏時，我就立刻增長了這點智慧了。」

自古以來，我們的老祖先常說，「好漢不吃眼前虧」，可是寓言中說的則是好漢要懂得在不利於自己的形勢之下吃點虧。假設這樣一種情況：你開車和別的車擦撞，對方只是「小傷」，甚至可以說根本不算傷，可是對方車上下來四個彪形大漢，個個橫眉豎目，圍住你索賠，眼看四周荒僻，不可能有人對你伸出援助之手。請問：你要不要吃「賠錢了事」這個虧呢?當然可以不吃，如果你能「說」退他們，或是能「打」退他們，而且自己不會受傷。

如果你不能說又不能打，那麼看來也只有「賠錢了事」了。因為，「賠錢」就是「眼前虧」，你若不吃，換來的可能是更大的損失。所以說要眼光放遠，敢於吃「眼前虧」，因為「眼前虧」不吃，可能要吃更大的虧。當一個人實力微弱、處境困難的時候，也就是最容易受到打擊和欺侮的時候。在這種情況下，人們的抗爭力最差，如果能避開大劫也算很幸運了。

假如此時面對他人過分的「待遇」，最好是「退一步海闊天空」，先吃一下眼前虧，立足於「留得青山在，不怕沒柴燒」，用「臥薪嚐膽，待機而動」作為忍耐與發奮的動力。

當你在人性的叢林中碰到對你不利的環境時，千萬別逞血氣之勇，也千萬別認為「士可殺不可辱」，寧可吃吃眼前虧。

真正的聰明者是不怕吃虧的「笨蛋」

不怕吃虧是做人的一種境界，也是處事的一種睿智。人生一世，真正有智慧的人，不在乎「裝傻充愚」的表面性吃虧，而是看重實質性的「福利」。

不知道你是否相信這樣一個理論：不怕吃虧的「笨蛋」是真正的聰明者。沒關係，無論你現在相信與否，看了下面的這個故事，你就知道這個理論是多麼重要了。

一個猶太人走進紐約的一家銀行，來到貸款部，大模大樣地坐了下來。

「請問先生，我可以為你做點什麼？」貸款部經理一邊問，一邊打量著這個西裝革履、滿身名牌的來者。

「我想借些錢。」

「好啊，你要借多少？」

「一美元。」

「只需要一美元？」

「不錯，只借一美元，不可以嗎？」

「噢，當然，不過只要你有足夠的保險，再多點也無妨。」經理聳了聳肩，漫不經心地說。

「好吧，這些做擔保可以嗎？」

猶太人接著從豪華的皮包裡取出一堆股票、國債等，放在經理的寫字臺上。

「總共五十萬美元，夠了吧？」

「當然，當然！不過你真的只要借一美元嗎？」經理疑惑地看著眼前的怪人。

「是的。」說著，猶太人接過了一美元。

「年息為六％，只要你付出六％的利息，一年後歸還，我們就可以把這些股票退還給你。」

「謝謝。」

猶太人說完準備離開銀行。

一直站在旁邊觀看的分行長，怎麼也弄不明白，擁有五十萬美元的人，怎麼會來銀行借一美元，於是他急忙追上前去，對猶太人說：「啊，這位先生……」

「有什麼事嗎？」

「我實在弄不清楚，你擁有五十萬美元，為什麼只借一美元呢？你不以為這樣做你很吃虧嗎?要是你想借三十萬或四十萬元的話，我們也會很樂意……」

「請不必為我操心。在我來貴行之前，已問過了幾家金庫，他們保險箱的租金都很昂貴。所以嘛，我就準備在貴行寄存這些東西，一年只需要花六美分，租金簡直太便宜了。」

我們不得不感歎這個猶太商人的精明，他似乎吃了小虧，卻占了「大便宜」。因為他已經把利益得失精準地計算在心，看似吃虧而絕非吃虧。那種表面上看不怕吃虧的「笨蛋」，其實才是真正聰明的人。

故意吃虧不是虧，小虧能得大便宜

這個世界上，誰都不願意做虧本的生意。最先嘗到甜頭的人未必到最後也飽嘗碩果，倒是最先吃虧的人占了最後的大便宜。其實，故意吃虧並不是真的虧。

東漢時期，有一個名叫甄宇的在朝官吏，時任太學博士。他為人忠厚，遇事謙讓，人緣極好。有一年臨近除夕，皇上賜給群臣每人一隻外番進貢的活羊。具體分配時，負責人為難了：因為這批羊有大有小，肥瘦不均，難以分發。大臣們紛紛獻策：

有人主張抽籤分羊，好壞全憑運氣。

有人主張把羊通通殺掉，肥瘦搭配，人均一份。

……

朝堂上像炸開了鍋，七嘴八舌爭論不休。這時，甄宇說話了：「分隻羊有這麼費勁嗎？我看大夥兒隨便牽一隻羊走算了。」說完，他率先牽了最瘦小的一隻羊回家過年。

眾大臣紛紛效仿，羊很快被分發完畢，眾人皆大歡喜。

此事傳到光武帝耳中，甄宇得了「瘦羊博士」美譽，稱頌朝野。不久在群臣推舉下，他又被朝廷提拔為太學博士院院長。

甄宇牽走了小羊，從表面上看他是吃了虧，但是，他得到了群臣的擁戴，皇上的器重。實際上，甄宇是占了大便宜。故意吃虧不是虧，而是有著深謀遠慮的精明之舉。

然而，在生活中，一些人目光只會停留在眼前利益，無論做什麼都不捨一分一毫，只求自己獨吞利益，常常因一時賺得小利，而不顧長遠之大利，可謂撿了芝麻，丟了西瓜。富豪李嘉誠卻正好相反，他就深諳捨棄小利而贏得大利的道理。

李嘉誠出任十餘家公司的董事長或董事，但他把所有的所得都歸入公司帳上，自己全年只拿五千港元。以二十世紀八〇年代中的水準，像長實這樣盈利狀況甚佳的大公司主席的所得，一間公司就有數百萬港元。五千港元還不及公司一名清潔工的年薪。進入九〇年代，所得便遞增到一千萬港元上下。而李嘉誠二十多年依舊維持不變。

李嘉誠每年放棄了上千萬元所得，卻獲得公司眾股東的一致好感，愛屋及烏，他們自然也信任長實的股票。甚至李嘉誠購入其他公司股票，投資者也隨其買進。李嘉誠是大股東，長實的股票被抬高，長實的股值大增，得大利的當然是李嘉誠。就這樣，李嘉誠每欲想辦大事，總會很容易得到股東大會的通過。一九九四年四月至一九九五年四月，李嘉誠所持長實、生啤、新工股份所得年息共計有一百二十四億港元——尚未計算他的非經常性收入，以及海外股票的價值。

有人說，一般的商家只能算精明，唯李嘉誠一類的商界超人，才具備經商的智慧。李嘉誠其實是小利不取、大利不放，甚至可以說是以小利為誘餌釣大魚。要學會不做虧本的買賣，透過吃小虧賺大便宜，這是智者的智慧。

面對「皇親國戚」，要懂得吃「啞巴虧」

人際關係中難免會有一些潛規則，不損害「皇親國戚」的利益，不與他們為敵，就是其中之一。這也是與人際圈裡有背景的人往來的基本原則。

志強是一家公司的人力資源主管，但是因為得罪了「皇親國戚」，受到老闆冷落、同事孤立。於是，他將自己的苦悶透過信件的方式，向一位記者傾訴，以下是信件內容：

您好：

最近實在太鬱悶了，但又不知道該怎麼排遣心中的抑鬱。從一個朋友那裡聽到您對冷暴力的調查研究，冒昧給您寫信，希望能得到您的幫助。

我之前一直在外商工作，來這家民營公司才三個月。公司裡面有很多員工或是老闆的親戚或是經理的朋友，總之有很多人都不是靠本事來公司的，而是靠關係在這裡當寄生蟲。我十分反感和厭惡那種人，他們沒什麼真本事，但在公司裡十分囂張。公司的管理人員對他們也敬而遠之。

作為人力資源部的主管，我一直都認為公正是最重要的，不公正的待遇對一些認真工作的員工而言是一種傷害，所以我在工作中力求做到公正。在年終績效考核的時候，我按照章程實事求是地對那些「關係戶」進行了考核。由於他們平時總是無所事事，並且無視公司的規章制度，經常遲到早退，有時候好幾天都找不到人，更談不上什麼業績了，所以我給他們的初步考評的成績都很低，沒有一個及格的。我自認為「秉公執法」，沒什麼不妥。

但是，當我把考評結果拿給部門主管看的時候，他相當不滿意，狠狠地批評了我一頓，並且責令我重新考評。我覺得非常委屈，我是按規定辦事的，並沒什麼錯。但當時無法抗拒部門主管的要求，只好重新做了一份績效考核。此後我的工作更加艱難，那些「皇親國戚」不時給我難堪，同事對我也不像以前那麼熱情了，我很苦惱。

信中，我們看得出志強是一個追求公正、按章程辦事的人，按理說他沒有什麼過錯。按照規章制度辦事，看起來沒有什麼錯誤，但是在很多時候，很多問題並不能透過硬性的規章制度來解決。

經常有人感慨：人在江湖，難做事，難做人。其實，難就難在許多問題，特別是人際關係的協調上。不按制度辦事覺得有違規定，按照制度辦事又會給自己帶來不少煩惱。因此，如何對待有背景的人是很需要技巧的。

公司中有背景的職員猶如企業中的「皇親國戚」，是公司中一個特殊的團體，他們與老闆的關係非比尋常，常常仗著自己的特殊身分在公司中搞特例。他們的存在往往給一般員工和中層管理者帶來很大的困擾，有很多人對這種人心生埋怨、頗有微詞。但由於他們跟老闆有關係，時常還能左右老闆的決策，所以大家對他們敢怒而不敢言。

在工作中能夠按章程辦事是一種美德，但有時候更需要變通。有很多規矩是完全無法寫入章程的，但又是必須遵循的，那就是人情世故的潛規則。

Chapter 4

用人情抓住對方的人情心理學

開個人情戶，日後儲蓄多

沒有地基怎麼會有高樓大廈？做人情亦是如此，想儲蓄人情，首先就要開一個「人情帳戶」。在人際交往中，見到給人幫忙的機會，要立刻撲上去，給人情開個戶，到需要的時候才能夠左右逢源。

有人把人情比做是一種資源，應該在最需要的時候用；有人把人情比做是「消防隊員」，救急不救窮。無論是哪一種，人情都可以幫助你暢行於複雜的人際社會，為自己開設一個「人情」帳戶是非常必要的。

在某人力招募網站做編輯的麗文，一早來就接到一位半生不熟的朋友的來電，請求麗文幫她找工作。

這位朋友說：「您好！我在貴網站看到您是負責這個網站的編輯，不知道貴網站現在是否還招募編輯？我有兩年網站編輯的經驗，非常希望能夠加入您這個團隊。」

麗文知道自己的網站目前沒有空缺職位，也不招募新人。按理說，這種情況直接拒絕那個人非常容易。不過麗文覺得，無冤無仇也沒必要說得太直接去傷人，於是她婉轉地說：「很遺憾，我們網站目前還沒有招募計畫，不如您到A或B網站去諮詢一下，說不定那裡有適合您的選擇。」

雖然本質上未能如願以償，但這位朋友聽了麗文的話仍然感覺很溫暖，說：「那給您添麻煩了，我再去其他地方試一下吧！謝謝您！」

這件事就這樣過去了，麗文壓根也沒怎麼放在心上。但一個月後的某天，麗文開始感謝那次偶然的邂逅。

老闆要麗文負責自己網站和A網站進行友情連結。由於A網站比自己所在網站受關注度高很多，麗文擔心對方的負責人可能會拒絕。但她還是硬著頭皮撥通了A網站上顯示的相關負責人的電話。

電話剛接通，麗文先自我介紹道：「您好，我是XX網站友情連結的負責人麗文。不知道能否打擾您一下，想和您談談關於邀請貴網站與我們進行友情連結的事情。」

不料，對方聽完用很愉快的聲音回答道：「哦，原來您是XX網站的麗文啊。不知道你是否還記得一個月前我們其實透過電話的？正是聽了您的指點，我來A網站應徵，才有幸得到今天的工作……」

地球有時真的很小，麗文萬萬沒有想到自己竟會與那個偶然邂逅的人再次相遇，而且還是在工作上。後來自然就是麗文很成功地完成了老闆交予的與A網站進行友情連結的任務。不僅如此，她後來還與那個偶然邂逅的朋友成了真正的好朋友，而且兩人還是業務上的合作夥伴。

很多時候就是這樣，不要小看一個偶然的邂逅，說不定你的人情儲蓄就是從這個偶然邂逅的「開戶」上開始的。

要建立好人情帳戶，一定要讓自己有人情味。就像上面故事中的麗文，如果當初冷冰冰或不厭其煩地拒絕那個素不相識的朋友，想必後來的故事結局便會大有不同。一個沒有人情味的人，是絕對玩不了「施恩」這看似簡單實則微妙的人情關係術的。這種人只會用「互相利用，互相拋棄，彼此心照不宣」來推擋，而不去深思人情世故的奧祕之處，所以無法達到人情操縱自如的境界。

從現在開始，無論是與某人邂逅，還是與某人頻頻相遇，趕快去建立你的人情帳戶吧，只有先「開戶」，你日後才能在此基礎上不斷儲蓄。

分人一杯羹，日後落難有幫手

一個人做事千萬別做絕，好處全部得盡，這樣的話你得勢時雖然做到了初一，但等你失勢時人家就會做到十五，到頭來自己說不定會落得個悲慘的下場，所以有好處時一定要分人一杯羹，這叫「與人方便，自己方便」。

常言道，「人在江湖飄，哪有不挨刀」，很少有人能在這江湖是非之地叱吒風雲而又全身而退，如果有的話，一來可以認為自己運氣太好，沒有碰到厲害的角色；二來太會做人，達到了無懈可擊的程度。

清朝著名的「紅頂商人」胡雪巖，在他發達期間，縱橫官場與商場，黑白兩道，上下通吃，做人真正地做到了「人精」的地步。其中，他做人一個很重要的原則便是「利益均沾，資源分享」。他對於金錢的看法是有他獨到見解的，其中，很重要的一點便是與他人分一杯羹，好處共用。這也成就了他一段「不朽」的傳奇。

胡雪巖做生意，總會把人緣放在第一位，「人緣」，對內指員工對企業忠心耿耿，一心不二；對外指同行的相互扶持、相互體貼。

有一次，胡雪巖打聽到一個消息說外面運進了一批先進、精良的軍火。消息馬上得到進一步的確定，胡雪巖知道這又是一筆好生意，做成一定大有賺頭。他立即找外商聯繫，憑藉他老道的經驗，高明的手腕，以及他在軍火界的信譽和聲望，胡雪巖很快就把這批軍火生意搞定。

正當春風得意之時，他聽商界的朋友說，有人在指責他做生意不仁道。原來外商已把這批軍火以低於胡雪巖出的價格，擬定賣給軍火界的另一位同行，只是在那位同行還沒有付款取貨時，就又被胡雪巖以較高的價格買走了，使那位同行喪失了賺錢的好機會。

胡雪巖聽說這事後，對自己的貿然行事感到慚愧。他隨即找來那位同行，商量如何處理這事。那位同行知道胡雪巖在軍火界的影響，怕胡雪巖在以後的生意中與自己為難，所以就不好開列條件，只好推說這筆生意既然讓胡老闆做成了就算了，只希望以後留碗飯給他們吃。

事情似乎就可以這麼輕易地解決了，但胡雪巖卻不然，他主動要求那位同行把這批軍火「賣」給他，同樣以外商的價格，這樣那位同行就吃個差價，而不需出錢，更不用擔風險。事情一談妥，胡雪巖馬上把差價補貼給了那位同行。那位同行甚為佩服胡雪巖的商業道德。

如此協商一舉三得，胡雪巖照樣做成了這筆好買賣；沒有得罪那位同行；博得了那位同行衷心的好感，在同行中聲譽更加高了。這種通達的手腕和高超的做人「心機」日益鞏固著他在商界的地位，成為他在商界縱橫馳騁的法寶。不乘人之危搶人飯碗是胡雪巖圓融的處事方式的具體表現。他一直恪守這一準則，使得他在商界中獲得了極好的名聲。

聰明人都懂得，人際場上，無論做什麼事情，好處不能自己都占絕，做什麼事情都不能吃乾抹淨，一定要為他人著想，有好處時分給他人一杯羹，這樣不僅不會與他人結下怨仇，而且還為自己儲蓄了人情，等你失勢時別人才不會落井下石，而且還會出手相助。精通人情的「心機」，才能避開可能出現的人際關係陷阱。

關鍵時拉人一把，人情帳戶加倍增多

「患難之交才是真朋友」，這話大家都不陌生。人的一生不可能一帆風順，難免會碰到失利受挫或面臨困境的情況，這時候最需要的就是別人的幫忙。然而，一旦這個時候你伸手相助，這種幫助會讓對方記憶一生，日後對方更會對你加倍報答。

德皇威廉一世在第一次世界大戰結束時，可算得上全世界最可憐的一個人，可謂眾叛親離。他只好逃到荷蘭去保命，許多人對他恨之入骨。可是在這時候，有個小男孩寫了一封簡短但流露真情的信，表達他對德皇的敬仰。這個小男孩在信中說，不管別人怎麼想，他將永遠尊敬他為皇帝。

德皇深深地為這封信所感動，於是邀請他到皇宮來。這個男孩接受了邀請，由他母親帶著一同前往，他的母親後來嫁給了德皇。

所謂患難，主要是指個人遇到的困難，遭到的不幸。擺脫困難，戰勝不幸，不能完全依賴組織，要靠我們自己的力量，要借助友誼的力量。

人情儲蓄，不僅僅是在那歡歌笑語中和睦相處，更是要在那困難挫折中互相提攜，相濡以沫。有的人在無憂無慮的日常生活中，還能夠和朋友嘻嘻哈哈的相處，可是一旦朋友遇到了困難，遭到了不幸，他們就冷落疏遠了朋友，「友誼」也就煙消雲散了。這種只能共歡樂不能同患難的人，不僅是無情的，更是愚蠢的。因為他們的自私，會讓自己的人情儲蓄負債，會讓自己日後的人際關係道路越走越窄。

所以，當朋友遇到了困難的時候，我們應該伸出援助的雙手。當朋友生活上艱窘困頓時，要盡自己的能力，解囊相助。對身處困難之中的朋友來說，實際的幫助比甜言蜜語強一百倍，只有設身處地地急朋友所急，幫朋友所需，才表現出友誼的可貴，讓這份交情細水長流。

當朋友遭遇不幸的時候，如病殘、失去親人、失戀，等等，我們要用關懷去溫暖朋友那冰冷的心，用同情去安撫朋友身上的創傷，用勸慰去平息朋友胸中衝動的岩漿，用理智去撥散朋友眼前絕望的霧障。

當朋友犯了錯誤的時候，我們應該表示理解並盡可能地給予幫助。一般來說，朋友犯了錯誤，自己感到羞愧，臉上無光。但有些人，常擔心繼續與犯了錯誤的朋友相交會連累自己，因此而離開這些朋友，其實這種自私的行為很不可取。要知道，友誼的價值之一，就是在於扶持犯了錯誤的朋友一道前進。

當朋友遭到打擊、孤立的時候，我們應該伸出友誼的雙手，去鼓勵對方，支持對方。如果在朋友遭到歪風邪氣打擊的時候，為了討好多數，保持沉默，或者反戈一擊，那我們就成了友誼的可恥叛徒。正如巴爾扎克的《賽查·皮羅多盛衰記》中所說的：「一個人倒楣至少有這麼一點好處，可以認清楚誰是真正的朋友。」

一個好朋友常常是在逆境中得到的。假如朋友在遭到打擊、孤立的時候，即使你與他並不是摯交，但你卻能夠理解他、支持他，堅決同他站在一起，那他一定會把你視為一生的摯友，會為找到一個真正的朋友感到高興。更重要的是，將來某一天如果你需要他的協助，甚至你有難時沒有向他求助，他都會心甘情願地去為你「兩肋插刀」。

友情的贏得往往在關鍵的時刻，即當別人處於困頓的時刻。這個時候，放人情債的絕佳時刻，只要你在這關鍵時刻伸出你的手拉他一把，你就獲得了他的好感，為日後儲蓄了一筆人情「資金」。

感情常聯絡，日久自生情

「聯絡」雖然只是簡單的兩個字，但它們卻是一門社交藝術，只有善用心思的人，才能達到聯絡感情的目的。只有重視日常生活中的感情聯絡，我們才能給自己拉出一個良好的人際關係的網路。

關於感情聯絡一點，卡內基為我們講了一個淺顯易懂的例子：一位同事生日，有人提議大家去慶賀，你也樂意前行，可是去了以後發現，這麼多的人，偏偏來為他賀歲，他們為什麼不在你生日的時候也來熱鬧一番？

這就是問題所在，這說明你的人情做得還不到家，你的人際關係還有欠佳的時候。要扭轉這種內心的失落，你不妨積極主動一些，多找一些藉口，日常與大家多聯絡聯絡感情。

比如，你剛領到一筆獎金，又適逢生日，你可以採取積極的策略，向你所在部門的同事說：「今天是我的生日，想請大家吃頓晚飯。敬請光臨，記住了，別帶禮物。」在這種情形下，不管同事們過去和你的關係如何，這一次都會樂意去捧場的，你也一定會給他們留下一個比較好的印象。

重視日常感情聯絡，可以學習入鄉隨俗。以職場為例，如果你所在的公司中，升職者有愛請同事的習慣，那等到你升職的時候就不要破例，趁這個機會可以和大家好好溝通一下感情。同時，如果人家都沒有請過，而你卻獨開先例，同事們會以為你太招搖。所以，要按約定俗成的規定來辦。

重視日常感情聯絡，還有一個因人而異的問題。對於深交的朋友，有求必應，關係密切，無論何種境況，都能肝膽相照。對於淺交之人，平時聯絡感情起初都遵循禮尚往來的原則，隨著往來次數的頻繁，逐漸再把關係推向深入。

不過，日常聯絡感情也需要適度，能聯絡時聯絡，不方便聯絡或很不情願聯絡時就千萬不能勉強。比如，同事間的送舊迎新，由於工作的調動或退休等原因，要分離了，可以去送行；來新人了可以去歡迎。但如果鄰居要去不太遠的地方度個小假，你就沒必要非去人家或車站送行了，因為鄰里之間，大家來日方長，還愁沒有見面的機會嗎？做好人際關係中的日常感情聯絡，還需掌握一些必要的技巧：

一、對於聯絡感情的話題內容應有專門的知識。當你和對方談到某一件事時，你必須對此確有所認識，否則說起來便缺乏吸引力，不能讓對方感興趣。

二、充分明瞭人與人之間的關係的真理。有許多事即使做法不同，但道理是永不能改變的，這種「永不能改變」的道理，自己要常常放在心裡。

三、要培養忍耐力。切忌凡事小氣。經驗證明，小氣常使自己吃虧。

四、能夠利用語氣來表達你自己的願望。不要使人捉摸不定，有些人以為態度模棱兩可是一種技巧，其實是相當拙劣的。真正懂得運用感情聯絡技術的人，都會讓本身的立場迅速公開。

五、人多時，若不同朋友之間發生分歧，自己最好保持中立，保持客觀。按照經驗，一個態度中立的人，常常可以爭取更多的朋友，否則很容易得罪其中的一方。甚至對於你的「死黨」，你也不必口口聲聲去對他表明，只要事實上是「死黨」就行。

六、對事物要有衡量種種價值的尺度，不要死硬地堅持某一個看法。

七、對事情要守密。雖然朋友間聊家常無話不說，但一個人不能守住祕密，會在很多時候出現過失，包括在親近的朋友面前。

八、對人親切、關心，竭力去瞭解別人的背景和動機。

此外，沒有經過準備而進行一次感情聯絡，常常不只不成功，而且會遭受無可挽救的失敗。如電話聯絡，預先準備好別人說有時間或沒空時你應如何應對，就可以避免太多不必要的煩惱。

故意吃點虧，人情積少成多

積少成多的道理大家都非常清楚，一點一點累積，最後收穫很多。其實，在人情儲蓄的諸多方法中，積少成多也是非常重要的一種。具體就是，不時地故意讓別人占你一點小便宜。

陳老與紀伯是鄰居，某天夜裡，紀伯偷偷地將隔開兩家的竹籬笆，向陳家移了移，以便讓自己的院子寬一點。不過由於是深夜，紀伯只移動了一點點。陳老雖然看到了這些，但他故意視而不見。

第二天夜裡，紀伯又偷偷地將竹籬笆向陳家移了一些，不過仍然進行得比較吃力。陳老看在眼裡，在紀伯走後，他將籬笆又往自己這邊移了一丈，使紀伯的院子更寬敞了。第三天一早，紀伯發現後，很慚愧，不但還了侵佔陳家的地，而且還將籬笆往自己這邊移了一丈。

陳老故意讓紀伯占點小便宜，紀伯卻因陳老的謙讓感到內疚，產生了「以小人之心，度君子之腹」的感覺，認為自己欠了陳老的一個人情債。每當他想起此事時，他總是會想辦法報答紀伯。

人情債就是這樣，一點一點地放，雖然每次看上去很少，但經過累積，對方最終欠你的就多了，日後對你的報答當然也不會太少了。這一點，不僅在日常交際中非常重要，在經商中同樣重要。

徐先生在廣州開了一家海鮮酒樓，但最後經營上遇到了問題。

一天，他在同一街上看到兩家時裝店，一家生意興旺，另一家卻相當平淡。什麼原因呢?他走進那家旺店一看，原來店裡除了高檔貨外，還有幾款特價服裝。

他受到了啟發，於是就創出了「海鮮美食週」的點子——每天有一款海鮮是特價的，售價遠遠低於同行的價格。當時，蝦的市場價格為五百公克三十八元，徐先生把它們降到二十八元。不僅如此，結帳時，他還將每位顧客消費十元以下的零頭全部去掉。有些常客幾乎三天兩頭就過來買，他仍然每次見零頭就去掉，有些常客開玩笑地說：「你長期這樣給我折價，都折掉幾斤大蝦了！」而徐先生每次都是一笑而過。

不出所料，這兩招一舉成功，很多食客就沖著那一款特價海鮮，走進了海鮮酒樓大門。降低價格，原來是準備虧本的，但由於吃的人多，每月銷出四噸蝦，結果不但沒虧本，反而賺了錢。

自此以後，徐先生海鮮酒樓門庭若市，顧客絡繹不絕。

徐先生作為飯店的經營者，之所以能夠成功，就是在人的「貪便宜」、「好嘗鮮」的本性上做足了文章。因為貪便宜，一看到原本三十八元一斤的沙蝦跌到二十八元一斤，於是人們便蜂擁而至搶便宜貨，再加上老闆大方地去掉零頭，酒樓自然就出了名，大把的錢也就自然流入徐老闆的腰包。

足見，積少成多放人情債的方式多麼受人們歡迎，更重要的是它在順暢人際關係、潤滑處世方面非常奏效。

讓別人占點便宜並不是要大家隨時隨地都去吃虧。吃虧是有學問，有講究的。我們要學會吃虧，要吃在明處，至少你應該讓對方心中有數。這樣才能讓別人覺得欠你人情，以後你若有求於他，他才會全力以赴。

雪中送點炭，人情常相伴

錦上添花易，雪中送炭難。真正懂得博弈智慧的人都明白：成功的訣竅之一就是要少一些錦上添花，多一些雪中送炭。多結識一些「困龍」，他們將成為你生活中忠實的朋友，事業上得力的助手。

在社會生活中需要感情投資，這個道理很多人都明白，但是如何進行感情投資卻沒有多少人清楚。其實，感情投資的最佳策略就是雪中送炭，擴大感情投資的性價比。

在《水滸傳》中，有這樣精彩的一幕：

話說宋江殺了閻婆惜後，逃到柴進莊上避難，碰上了武松。當時武松因在故鄉清河縣誤以為自己傷人致死已躲在柴進莊上。但因為武松脾氣不太好，得罪了柴進的莊客，所以柴進也不是十分喜歡他。

《水滸傳》上說：「柴進因何不喜武松？原來武松初來投奔柴進時，也一般接納管待；次後在莊上，但吃醉了酒，性氣剛烈，莊客有些顧管不到處，他便要下拳打他們，因此滿莊裡莊客，沒一個道他好。眾人只是嫌他，都去柴進面前，告訴他許多不是處。

柴進雖然不趕他，只是相待得他慢了。」所以，武松在柴進的莊上一直被大家孤立，找不到一個可以交心的朋友，只能一個人天天喝悶酒。

宋江知道到武松是個英雄，日後定可為自己幫忙，因此，他到了柴進莊上一見到武松馬上拉著武松去喝酒，似乎親人相逢，看武松的衣服舊了，馬上就拿錢出來給武松做衣服（後來錢還是柴進出的，但好人都是宋江做）。而後「卻得宋江每日帶挈他一處，飲酒相陪」，這飲酒的花費自然還是柴進開銷的。

臨分別時，宋江一直送了六七里路，並擺酒送行，還拿出十兩銀子給武松做路費，而後一直目送武松遠離。正因為這樣，武松一直對宋江忠心耿耿，為宋江出生入死。

宋江所費之錢可以說是小成本，他不過花了十兩銀子和餞行的一頓飯，卻讓英雄蓋世的武松對他感恩戴德。而柴大官人庇護了武松整整一年，就算後來有所怠慢，也不會少他吃喝用度的，在武松身上的花費豈止區區十兩銀子。

相對於宋江而言，柴大官人真是得不償失。這位宋大哥在武松心目中的分量恐怕要遠遠超過柴大官人。為什麼柴進名滿江湖、出身高貴，卻成不了老大，而宋江卻可以？因為宋江更懂得如何透過雪中送炭而收買人心。

當然，我們說要雪中送炭，並不是說逢人便送，遇人則結，而是「放出眼光，擇其有資望者，或將來必有騰達高就者。」如果你認定某個不得勢的人將來必定是個成功人物，只是暫時的不得勢，將來會大有作為，那你就該多多交往。或者乘機進以忠言，指出他失敗的原因，激勵他改過向上。

如果自己有能力，更應給予適當的協助，甚至給予物質上的救濟。而物質上的救濟，不要等他開口，要採取主動。有時對方很急著要，又不肯對你明言，或故意表示無此急需。你如果得知此情形，更應盡力幫忙，並且不能有絲毫得意的樣子。一面使他感到受之有愧，一面又使他有知己之感。日後如有所需，他必全力回報。

在他人處於困境中的時候，我們能不打折扣的給予幫助，有朝一日，他們飛黃騰達了，就會第一個要還你人情。那是找他們幫忙，他們便會毫不猶豫。

拉攏人心要耐心，細水長流情才深

搞定人心就要善於鑽營，有孔必鑽，無孔也要入。有孔者擴而大之，無孔者，取出一個「鑽」字，新開一孔再鑽進去。但與人相處要遵循「一回生，二回半生不熟，三回才全熟」的規則，拉攏人心不可操之過急，這樣才能為你自己辦事做好鋪路。

在人際交往中，掌握好與人交往的尺度才能在社會中如魚得水，為辦事做好鋪路。保持平靜的、持續的接觸，這樣拓展出來的人際關係才是可以信賴的。

小張參加一個社交聚會，交換了一大堆名片，握了無數次手，也搞不清楚誰是誰了。

幾天後他接到一個電話，原來是幾天前見過面也交換過名片的「朋友」，因為那位「朋友」名片設計特殊，讓他印象深刻，所以記住了他。這位「朋友」也沒什麼特別目的，只是和他東聊西聊，好像兩人已經很熟了那樣。

小張不大高興，因為他和那個人沒有業務關係，而且也只見了一次面，他就這樣子打電話來聊天，讓他有被侵犯的感覺，而且也不知和他聊什麼好！

在現代社會中，這種情形常會出現，以小張的「朋友」來看，他有可能對小張的印象頗佳，有心和他交朋友，所以主動出擊，另外也有可能是為了業務利益而先行鋪路。但不管基於什麼樣的動機，他採取的方式犯了人際交往中的忌諱——操之過急。這拓展人際關係是必需的，但在社會上有一些法則還必須注意，才能不致弄巧成拙。這個法則就是「一回生，二回半生不熟，三回才全熟」。因為人都有戒心，這是很自然的反應，一回生，二回就要「熟」，對方對你採取的絕對是關上大門的自衛姿態，甚至認為你居心不良，因而拒絕你的接近，名人、富人或有權勢之人，更是如此。聰明者自會不動聲色留點「心計」。

每個人都有「自我」，你若一回生，二回就要熟，必定會採取積極主動的態度，以求儘快接近對方，也許對方會很快感受到你的熱情，而且也給你熱情的回應，可是大部分人都會有自我受到壓迫的感覺，因為他還沒準備好和你「熟」，他只是痛苦地應付你罷了，很可能第三次就拒絕和你碰面了。

在人際交往中如果你急於接近對方，很容易在不瞭解對方的情形下以自己作為話題，以便持續兩人交談的熱度，這無疑是暴露自己，讓自己容易受到傷害。做人要留一手，做事時要有點「心計」，拉攏人心不可操之過急。

收穫人情，借不如送

每個人都害怕囊空如洗，所以都吝惜金錢。當親戚朋友借你錢時，是借還是不借？這是現代人所常常遇到的問題，錢只要離開自己的口袋，就有回不來的可能，尤其是把錢借給自己的親人或是朋友，這個時候，與其整日盤算著如何把錢要回來，不如放寬心，把錢送給他們。這樣，雖然可能在錢財上蒙受損失，卻收穫了人情。

現實中，很多人碰到他人向自己借錢的問題時都很困擾，因為借他錢，有可能這一筆錢就要不回來了，或是一再拖延，到最後才拿回一小部分。親朋需要才會來借錢嘛，如果時間一到便去催債，好像自己太沒人情味，何況也沒勇氣開口，更怕一開口，就傷了彼此的感情。不借嘛，自己的錢固然是「保住」了，但他們有難，不出手幫忙，道義上似乎也說不過去，也擔心二人的感情恐怕從此要變質了……

借不借人錢，就是這麼讓人傷腦筋！

當然，也是有「有借有還」，甚至還本金也還利息的朋友。不過說老實話，這種借款行為還是潛藏著危機——如果他一而再，再而三地向你借款，表示他的財務有問題，總有一天會連本金也還不出來！

可是，橫在面前的人情、感情與道義，怎麼辦呢？聰明人的做法是：給他錢，而不是借他錢！

所謂「給他錢」有兩個層面的意義：

在心理層面上的意義是：表面上是「借給」他，也言明歸還期限和利息多少，但在心理上卻抱著這筆錢是「一去不回頭」的想法，他能還就還，不能還就當做是「送給」他的！這種態度很阿Q，卻有很多好處。

第一個好處是不會影響兩人的感情，你也不會因為對方還不起錢或不還錢而難過；第二個好處是顧到了朋友間有難相助的「道義」；第三個好處是在對方心中播下一粒「恩與義」的種子，這粒種子或許會發芽、茁壯，在他日以「果實」對你做最真誠的回報。

第二個層面的意義是真的「給」他錢。也就是說，他雖然是向你借用的，但你卻表明是給他的，是要幫他解決困難的，並不希望他還錢。這樣子做也有很多好處。第一個好處是他不大可能再來向你「借錢」，不好意思了嘛！而你也可表示「我已竭盡所能」，將對方開口的數目打折給他，萬一對方真的「還」不起錢，或根本不還錢，你則可以降低「損失」。

第二、三個好處和前面一段說的一樣，兼顧了「情與義」，同時也在對方心中種了一粒「恩與義」的種子，而這「人情」，他總是要擔的。

事實上，不管是「借」還是「給」，錢能不能收回來都是個未知數。之所以說「給親戚朋友錢，錢收得回來；借他們錢，錢收不回來」，是基於：錢只要離開你的口袋，就有回不來的可能，因為對方是沒有錢才向你開口，所以明知有可能回不來，乾脆就不抱希望，免得催債時給雙方造成不愉快，自己也難過。

如果「借」或「給」都覺得很難，那麼就狠心拒絕吧！不過，在力所能及的情況下還是不要那麼斤斤計較於錢能否再回到你的口袋中，因為錢畢竟不等同於幸福，人生的真正幸福和歡樂，是浸透在親密無間的家庭關係及友情中。

打好雙贏牌，讓別人欠你人情

如果一個人在與別人打交道的時候只顧自己盈利，勢必會讓別人心生不快。所以，人要在得到東西的同時付出東西，打好「雙贏牌」，讓別人也有份享受成功的喜悅，這樣人家欠了你的情，日後自會鼎力報答你。

三人打牌，雖然互為對手，但假若兩方合作也能贏牌，出牌時不如就讓對方一分，對方才可能在關鍵的時候，讓你一分，使雙方獲益。

正如作家劉墉所說：「合作失敗的人常拆夥，因為彼此責難。合作成功的人，也常拆夥，因為各自居功。直到拆夥之後，發現勢單力薄，再回頭合作，關係才變得比較穩固。」

隨著科學技術向縱深方向發展，社會分工越來越精細，人通常難以成為全能型的人物，因此就需要與他人合作，並在合作中尋求取勝之道。

很久以前，有一個有錢的員外，他有五個心不齊的兒子。

他們做事的時候都自己管自己，從來不互相幫助。後來，老員外得了重病，臨死之前，他把五個兒子叫到床前，又叫人拿來一大把筷子，分給五個兒子。

他分給老二、老三、老四、老五每人一根筷子，把剩下的一大把筷子都給了老大，然後說：「你們把手上的筷子都折斷吧！」

老二、老三、老四、老五沒費多少力氣就折斷了筷子，老大使出了全身的力氣，都沒把筷子折斷。

老員外說：「你們看，一根筷子很容易被人折斷，一把筷子就不容易被人折斷了。如果你們不齊心合力，就會像一根筷子一樣很容易被人折斷，如果你們齊心合力，就會像一把筷子一樣，不容易被人折斷，做事情就容易成功。」

五個兒子都懂得了這個道理，從此以後，做事齊心協力，把事情做得很成功。

在人生牌局中，你必須學會與別人合作，彌補自己的不足，取長補短，進而達到雙贏。有這樣一個生意人，他收購玉米再賣給別人，從中賺取差額，第一年賺了一大筆錢，嘗到了甜頭之後，第二年還做收購玉米的生意。

但是第二年的生意很冷清，一方面是由於很難找到願意將玉米賣給他的農民，另一方面是找不到願意買他的玉米的客戶。

原來第一年做生意的時候，他不但對那些賣給他玉米的農民在價錢上苛刻、短斤少兩，讓農民賺得很少，而且在向那些客戶賣玉米的時候也非常刁鑽。所以打過一次交道後，不論是農民還是客戶都不願意再跟他合作了。

雙贏是現代社會所宣導的一種合作方式，做事情的時候，多考慮別人的利益，站在別人的角度考慮問題，不僅能夠贏得對方的信賴和好感，還能為今後的合作打下基礎。如果能夠多為對方著想，就能夠獲得更多的合作夥伴，自己今後的發展之路就會更寬

以「禮」相待，才能被以情相還

所謂「有『禮』走遍天下」，又所謂「伸手不打笑臉人」，都是在強調「禮」的重要性。時時不忘以「禮」示人的人，人際關係才能良好。

一個剛剛走出大學校門的女孩，接到一家大企業的面試通知，她在興奮之餘又非常緊張。

面試那天，儘管做了充分的準備，她還是沒能夠表現出自己應有的水準，她實在太緊張了，說話結結巴巴、語無倫次，對面的幾個考官都皺起了眉頭。這時，一位中年男士走進辦公室和考官耳語了幾句，在他離開時，女孩聽到人事主管小聲說了句「經理慢走」。

那位男士從女孩身邊經過，給了她一個鼓勵的眼神，女孩非常感激，立刻站起來，畢恭畢敬地對他說：「經理您好，請慢走！」她看到了經理眼中些許的詫異，然後他笑著點了點頭。

等她再坐下時，她從人事主管的眼中看到了笑意……一個星期後，她竟然獲得到了這份寶貴的工作。就是因為她對經理那句禮貌的稱呼，讓人事部覺得她能夠勝任行政客服的工作，所以對她的印象非常好，才給了她這份工作。禮貌為女孩贏得了一次難得的機會。這是一種無形的「禮」。還有一種物質形態的禮物，忽略了它也會給我們帶來不少麻煩。

在寸土寸金、繁華的慕尼黑，最好的安身立命之地就是學生宿舍了，而這其中竟也大有文章可做。

一開始，小婷是被告知要排隊等半年到兩年才能住進宿舍，她也就信了。直到一個比她晚申請宿舍的同學都拿到了房子的鑰匙，小婷才大吃一驚，當時的她還四處顛沛流離，為住房發愁，而那位同學卻享受到了德國政府資助的學生宿舍。原來，有「禮」走遍天下，大家都懂得要送禮給房管，比如中國結之類的小東西。於是小婷也決定送點禮物，她給房管送了一小罐鐵觀音，不料真有奇效，早上送的禮，當天下午房管就打電話給她了。

過去搬家的艱辛湧上心頭，由於捨不得坐計程車，幾十公斤的行李都是小婷一個人拖著，從城南搬到城北，從城東搬到城西。其實這個禮，無非是個小禮，卻讓小婷折騰了這麼久。

回想一下，當時到房管處三番五次地苦苦哀求，卻沒有任何效果，如今一個小禮物，竟打發了多少惶恐和淚水。

「禮」不是溜鬚拍馬，而是人際交往中的必需品。正是「禮」，長期規範和維繫著人與人的交往。禮在某種意義上就是情，禮少了，情也就淡了。當然，這裡的禮，既有表示人文素質和修養的禮貌、禮儀，也包括能傳情達意的現實的禮物。到底該送何禮，就要具體問題具體分析了。

以德服人，以情感人

以德服人者，中心悅而誠服。道德總是表現了人性的溫暖，欲俘獲人心，最好的辦法是感動對方。

有位身居高位的大人物，會記得只見過一兩次面的下屬的名字，在電梯裡或門口遇見時，點頭微笑之餘，叫出下屬的名字，會令下屬受寵若驚。

這位大人物此舉看似簡單，卻讓下屬非常驚喜，覺得自己受到了重視，自然會對他更為敬重，也會更加賣命地為他效力了。

羅剛十歲的時候，他的父親在一次事故中喪生，年幼的他擔起了家庭的重擔。他先到一個磚場去運沙，又為一家石膏公司推銷產品，後來又成為一個小鎮上的公務員。就是在那幾年中，他建立了一套記住別人姓名的方法。

他每次新認識一個人，就問清楚他的全名、職業、家庭概況、政治觀點，然後想辦法把這些資料儲藏在大腦裡，當第二次碰到那個人，即使是事隔一年後，他還是可以拍拍對方的肩膀，清楚地叫出他的名字，並向他的太太和孩子問好。他的這個方法幫他贏得了一個又一個朋友，正是憑藉這一本領，羅剛在事業的道路上一路順利，結交了許多對他有幫助的朋友。

他每次回家之後，就馬上把他所到之處談過話的人的名單列出來，給每人寄一封信。那些信都以「親愛的方蒙」或「親愛的曉慶」開頭，結尾署名「羅剛」。羅剛就是用這種方式，深深地感動了別人，並且常常得到別人的真心相助。

在感動別人以俘獲人心方面，中國許多的名將們也有很多非常善於此道，吳起就是一個。

吳起是戰國時期著名的軍事家，他在擔任魏軍統帥時，與士卒同甘共苦，深受下層士兵的擁戴。

有一次，一個士兵身上長了個膿瘡，作為一軍統帥的吳起，竟然親自用嘴為士兵吸吮膿血，全軍上下無不感動，而這個士兵的母親得知這個消息時卻哭了。

有人奇怪地問道：「妳的兒子不過是小小的兵卒，將軍親自為他吸膿血，妳為什麼哭呢？妳兒子能得到將軍的厚愛，這是妳家的福分啊！」

這位母親哭訴道：「這哪裡是愛我的兒子呀，分明是讓我兒子為他賣命。想當初吳將軍也曾為孩子的父親吸膿血，結果打仗時，他父親格外賣力，衝鋒在前，最終戰死沙場；現在他又這樣對待我的兒子，看來這孩子也活不長了！」

封建社會等級森嚴，吳起身為將軍卻為士兵吸吮膿血，士兵怎能不為他賣命？禮賢下士，給下屬以細心的照顧，讓人有尊嚴感，最易獲得人心。尊嚴，對一個人存活世間有著重要的意義。為此，在人際交往中，無論對上級還是對下屬，時時處處照顧到他的尊嚴，看似無形，卻在潛移默化中得到了人心。

獲取人心也要講究方法，如果是禮賢下士的尊重，會讓人感動萬分，死心塌地；如果是居高臨下的施捨，只會傷人自尊，適得其反。

累積人情要圓融，給人好處莫張揚

生活中經常有這樣的人，幫了別人的忙，就覺得有恩於人，盡懷一種優越感，高高在上，不可一世。這種態度是很危險的，常常會引發反面的後果，也就是：幫了別人的忙，卻沒有增加自己人情帳戶的收入，正是因為這種驕傲的態度，把這筆帳抵消了。

人都是愛面子的，你給他面子就是給他一份厚禮。有朝一日你求他辦事，他自然要「給回面子」，即使他感到為難或感到不是很願意。這便是操作人情帳戶的全部精義所在。

人們總是盡其全力來保持顏面，為了面子問題，可以做出常理之外的事。在知道人們是如何地注重面子之後，還必須儘量避免在公眾的場合內使你的對手難堪，必須時時刻刻提醒自己不要做出任何有損他人顏面的事。只要你有心，只要你處處留意給人面子，你將會獲得天大的面子。

古代有位大俠郭解。有一次，洛陽某人因與他人結怨而心煩，多次央求地方上的有名望的人士出來調停，對方就是不給面子。後來他找到郭解門下，請他來化解這段恩怨。

郭解接受了這個請求，親自上門拜訪委託人的對手，做了大量的說服工作，好不容易使這人同意了和解。照常理，郭解此時不負人托，完成這一化解恩怨的任務，可以走人了。可是郭解還有高人一招的棋步，有更技巧的處理方法。

一切講清楚後，他對那人說：「這個事，聽說過去有許多當地有名望的人調解過，但因不能得到雙方的共同認可而沒能達成協議。這次我很幸運，你也很給我面子，我了結了這件事。我在感謝你的同時，也為自己擔心，我畢竟是外鄉人，在本地人出面不能解決問題的情況下，由我這個外地人來完成和解，未免使本地那些有名望的人感到丟面子。」

他進一步說：「這件事這麼辦，請你再幫我一次，從表面上要做到讓人以為我出面也解決不了問題。等我明天離開此地，本地幾位紳士還會上門，你把面子給他們，算做他們完成此美舉吧，拜託了。」

郭解這樣在幫助別人的同時還能顧及其他士紳的面子，這樣想必又拉攏了一批人心，為他在當地更好地立足，拓寬人脈創造了有利條件，可見其為人的圓融已達到一定境界。

所以，幫忙時應該注意下列事項：

第一，不要使對方覺得接受你的幫助是一種負擔。

第二，要做得自然，也就是說在當時對方或許無法強烈地感受到，但是日子越久越體會出你對他的關心，能夠做到這一步是最理想的。

第三，幫忙時要高高興興，不可以心不甘、情不願的。如果你在幫忙的時候，覺得很勉強，意識裡存在著「這是為對方而做」的觀念，假如對方對你的幫助毫無反應，你一定大為生氣，認為「我這樣辛苦地幫你忙，你還不知感激，太不識好歹了！」如此的態度甚至想法都不要表現。如果對方也是一個能為別人考慮的人，你為他幫忙的種種好處，絕不會像打出去的子彈似的一去不回，他一定會用別的方式來回報你。對於這種知恩圖報的人，應該經常給他些幫助。

人際往來，幫忙是互相的，幫助別人原本是「施恩」，莫把「施恩」當「施捨」，這樣的幫助會傷人面子。且不可像做生意一樣赤裸裸地，一口一個「有事嗎」、「你幫了我的忙，下次我一定幫你」。忽視了感情的交流，會讓人興味索然，彼此的交情也維持不了多長時間。要講究自然，不故意「打馬虎」，以免被別人想：「和他做朋友，如果沒用處，肯定會被一腳踢開！」

Chapter 5

玩轉駁人的引勝心理學

善用「增減法」，影響人們的心理

我們想要批評人的時候，並不應該像傳統的做法那樣，先說一些對方的優點，然後再指出他的缺點，即所謂的「欲抑先揚」，那樣很容易給對方造成心理落差，挫折感會引起他們的反感。

有一位老人，退休後想圖個清靜，就在湖區買了一所房子。住下的前幾週倒還太平。可是不久，有幾個年輕人開始在附近追逐打鬧、踢垃圾桶且大喊大叫。老人受不了這些雜訊，卻又不能制止，因為他知道，如果制止的話，反而會引起那些年輕人的反抗心理，情況可能更糟了。

他想出了一個辦法，就出去對年輕人說：「你們玩得真開心。我可喜歡熱鬧了，看著你們玩我也覺得變年輕了呢！如果你們每天都來這裡玩耍，我給你們每人一元。」年輕人當然高興，既玩了還能賺錢，何樂而不為呢？於是他們更加賣力地鬧起來。

過了兩天，老人愁眉苦臉地說：「我到現在還沒收到養老金，所以，從明天起，每天只能給你們五角了。」年輕人雖然顯得不太開心，但還是接受了老人的錢。每天下午繼續來這裡打鬧，只是遠沒以前那麼起勁了。

又過了幾天，老人「非常愧疚」地對他們說：「真對不起，通貨膨脹使我不得不重新計畫我的開支，所以我每天只能給你們一毛錢了。」

「一毛錢？」一個年輕人臉色發青，憤憤不平地說道：「我們才不會為區區一毛錢在這裡浪費時間呢，我們走。」

從此，老人又重新過起了安靜悠然的日子。

這個故事中，智慧的老人正是運用「增減效應」為自己贏得了一份難得的清淨。所謂「增減效應」，是指人們最喜歡那些對自己的喜歡、獎勵、讚揚不斷增加的人，最不喜歡那些對自己的喜歡程度不斷減少的人。

「增減效應」在我們的生活中也是處處可見的。例如，到市場上買一斤白糖，售貨員如果先在秤盤上放超出一斤的分量，再一點一點地從秤盤上減掉，顧客的心裡就會感到不舒服。但要是先在秤盤上放上少於一斤的分量，然後再一點一點地添上去，顧客就會感覺得到了便宜，覺得老闆很大方，很可能以後還到這家來買東西。其實，用兩種方法稱得的白糖分量完全一樣，只是增減的順序不同，卻給了我們完全不同的感覺。這是為什麼呢？

原來，人們的挫折感是「增減效應」之所以存在的心理根源。從倍加褒獎到小的讚賞乃至不再讚揚，這種遞減會導致一定的挫折心理。一般來說，人們會比較平靜地接受一次小的挫折，然而，如果所獲得的讚賞越來越少，甚至不被褒獎反被貶低，挫折感逐漸增加、增大，人們就難以接受了。而遞增的挫折感很容易引起人的不悅及心理反感。

所以，我們應該恰當地運用「增減效應」，例如，可以先說對方一些無傷尊嚴的小毛病，然後再恰如其分地給予讚揚，也就是「欲揚先抑」，當對方感覺到你對他的評價是越來越好的，他就會感覺你對他的喜歡程度是不斷增加的，便會很高興，也樂於接受批評。人們的心裡總有這麼一種傾向：習慣得到，而不習慣失去。

激發對方高尚動機，順勢制宜影響他

我們每個人都在內心裡將自己理想化，都喜歡為自己行為的動機賦予一種良好的解釋。這就是為何大家都希望聽到誇獎，而不是貶低。也正因如此，我們可以透過訴諸一種高尚的動機賦予對方，順勢制宜，實現改變他人、影響他人的目的。

卡內基曾指出，每個人的行事都有兩個好理由：一是看起來很好；二是的確很好。這個觀點既有道理，也非常實際。

曾有一位婦女，抱著小孩上火車。由於人多，他們上車後位子上已經坐滿了人。但是，這位婦女旁邊，有一位年輕的小夥子正躺著睡覺，一個人占了兩個人的位子。孩子哭鬧著要座位，並用手指著要那個小夥子，想讓其把座位讓給自己。誰料，小夥子卻假裝沒聽見，依舊躺在那裡睡覺。

這時，小孩的媽媽用故作安慰的口吻對孩子說：「這位叔叔太累了，等他睡一會兒，就會讓給你的！」聽了媽媽的話，小孩也不好再說什麼了。

幾分鐘後，那個小夥子似乎剛剛睡醒的樣子，然後站起來，客氣地把座位讓給了母子倆。

小孩子單純地索要，小夥子並沒有讓座，而媽媽一句安慰，卻贏得了小夥子主動而客氣地讓座。這是為什麼呢？要知道，這位婦女之所以能成功，妙就妙在她順勢制宜，對那位小夥子採取了尊重禮讓的方法，給他設計了一個「高尚」的角色：他是一個善良的人，只是由於過度勞累而無法施善行。趨善心理使小夥子無法拒絕扮演這個善良的角色。

某房屋公司有一位不滿意的房客，在租約尚有四個月沒到的情況下，恫嚇要搬離他的公寓。按當時規定，那間公寓每個月的租金是一萬元，可是房客聲稱立即就要搬，不管租約那回事。要知道，當時是淡季，如果房客立即搬走，房子是不容易租出去的。對於公司來說，四萬元就不翼而飛了。

很多人都認為，此時應該找那個房客，要他把租約重念一遍，並向他指出，如果現在搬走，那四個月的租金，仍須全部付清。

可是，聰明的工作人員卻採取了另外一種辦法。他對房客說：「先生，我聽說你準備搬家，可是我不相信那是真的。我從多方面的經驗來推斷，我看出你是一位說話有信用的人，而且我可以跟自己打賭，你就是這樣的一個人。」房客靜靜地聽著，沒有作特殊的表示。

他接著又說：「現在，我的建議是這樣的，將你所決定的事，先暫時擱在一邊，你不妨再考慮一下。從今天起，到下個月一日應繳房租前，如果你還是決定要搬的話，我會答應你，接受你的要求。」

他把話頓了頓，繼續說道：「我相信，你是個講話有信用的人。」

很多人想不到的是，到了下個月，那位房客主動來繳房租了。還告訴工作人員，他跟太太商量過，決定繼續住下去，他們認為，最光榮的事，莫過於履行租約。

想達到改變他人的目的，你不妨找一頂實現這件事能表現出的高尚帽子，然後恭敬地戴到對方頭上，很少有人會拒絕的。

製造短缺假象，可極大影響對方行為

當我們能夠獲得某種東西的機會越來越少時，其價值就會越發的凸顯出來，變得貴重。這種「機會越少，價值就高」的短缺原理，往往會對我們的行為產生很大的影響，而且這種影響是全面的、深刻的。

心理學家曾經做過這樣一個實驗，心理學家選了十個人，分別與他們面對面進行談話，而在談話期間，心理學家會盡力地講一些比較有趣的話題來吸引實驗者，同時，他還安排人在他們進行談話的時候，給實驗者打電話，看看實驗者會有什麼樣的反應。

結果發現，十個實驗者雖然並不知道是什麼人從什麼地方打來的電話，但是都會中斷與心理學家的談話而選擇去接電話，即使打來的電話並不重要，且交談的內容也沒有與心理學家交談的內容精彩和有趣，但是再有電話打來，他們還是會接。即使不接，也不會像之前那樣專注地與心理學家進行交談了，明顯變得坐立不安，因為他們心理總是惦記著那個電話是誰打來的。

相比而言，打來的電話似乎比與心理學家的談話更具吸引力，這是為什麼呢?因為每個實驗者都會想，如果自己不接電話的話，就有可能不知道打來電話的人是誰，並因此錯過了打電話者所帶來的資訊，而且一旦錯過了，就可能永遠也沒有補救的機會了。因此，電話一響，實驗者就會中斷談話而去接電話。

這個實驗告訴我們，可能失去某種東西的想法會對人們採取什麼樣的行為產生很大的影響。而且還有一點，那就是害怕失去某種東西的想法比希望得到同等價值東西的想法對人們產生的激勵作用更大。如你想讓對方接受你的某種建議或者要求，告訴他如果不接受就會造成什麼樣的損失，要比告訴他們接受以後能夠得到什麼樣的好處更容易說服對方。

例如，某醫院為了鼓勵人們定期去醫院做身體健康檢查，在免費發放的宣傳冊上是這樣寫的：如果你每個月都沒有花時間到醫院做身體檢查，那麼你可能就會失去一份健康保障。而這樣寫，明顯比寫「如果你每個月都花些時間到醫院做身體檢查，那麼你就可能會得到一份健康的保障」更能夠說服人們，其效果是有明顯不同的。這就是短缺心理給人們造成的巨大影響。

我們知道，在現實生活中，很多人喜歡收藏一些古董等東西，而那些古董之所以價值連城，主要原因就是因為它們稀少、罕見，不容易獲得。如果類似的古董到處都是，那麼它們也就不值錢了。因此，通常來說，當一樣東西開始變得越來越稀少時，它就會變得更有價值。這就是我們平常所說的「物以稀為貴」的現象。甚至一些原本不完美的、一文不值的東西，會因為稀少，甚至唯一，而變成重金難求的珍品。例如，印刷模糊的郵票、打磨失敗的美玉、兩次衝壓的硬幣、有殘缺的瓷器等，因為稀少，因為有瑕疵反而比沒有瑕疵的物品更有價值，更受到人們的青睞。這說明，短缺因素對物品的價值會起到很大的影響作用。而利用這一原理，我們則能夠達到給人施加壓力，使之順從的目的。

不僅在行銷領域，在其他很多領域都用上了這個短缺原理，其中比較有代表性的就是談判。不過在談判領域，短缺效用又被賦予了新的內容。

當人們的自由選擇受到限制或威脅的時候，維護這種自由的願望就會使我們更像有種這種自由，因此，當越來越嚴重的短缺或其他因素，使我們不能像以前一樣自由獲得自己想要的東西的時候，我們就會透過更卓絕的努力對這種妨礙做出反抗，這是短缺原理在談判領域的新發展。

因為短缺而使獲得的機會減少，這樣的狀況往往能夠十分有效地激起人們強烈的佔有欲望。而對於獲得數量和時間的限制越徹底，其產生的效果越明顯。利用這樣的心理刺激，我們往往可以影響人們的某些言行。

巧妙釋疑，讓對方放下心理包袱

求人辦事時，對方有時會很難做出決定，這是可以理解的。對某一事物不理解，想不通，往往是疑慮重重，這就需要遊說者善於以情定疑，把道理說透。疑慮消除了，自然就達到了求人辦事的目的。

一九二一年，美國百萬富翁哈默聽說蘇聯實行新經濟政策，鼓勵吸收外商，就打算去蘇聯做糧食生意，當時蘇聯正缺糧食，恰巧美國糧食大豐收。此外，蘇聯有的是美國需要的毛皮、白金、綠寶石，如果讓雙方交換，是一筆不錯的交易。哈默打定了主意，來到了蘇聯。

哈默到達莫斯科的第二天早晨，就被召到了列寧的辦公室，列寧和他進行了親切的交談。糧食問題談完以後，列寧對哈默說，希望他在蘇聯投資，經營企業。西方對蘇聯實行新經濟政策抱有很深的偏見，搞了許多懷有惡意的宣傳。哈默聽了，心存疑慮，默默不語。

聰明的列寧當然看透了哈默的心事，於是耐心地對哈默講了實行新經濟政策的目的，並且告訴哈默，「新經濟政策要求重新發展我們的經濟潛能。我們希望建立一種給外國人以工商業承租權的制度來加速我們的經濟發展。」

經過一番交談，哈默終於弄清楚了蘇維埃政權的性質和蘇聯吸引外商企業的平等互利原則，於是很想放手一搏。但是不一會兒，他又動搖起來，想打退堂鼓。為什麼？因為哈默又聽說蘇維埃政府機構，人浮於事，手續繁多，尤其是機關人員辦事拖拉的作風，令人吃不消。

當列寧聽完哈默的擔心時，立即又安慰他道：「官僚主義，這是我們最大的禍害之一。我打算指定一兩個人組成特別委員會，全權處理這件事，他們會向你提供你所需要的資源。」

除此之外，哈默又擔心在蘇聯投資辦企業，蘇聯只顧發展自己的經濟潛能，而不注意保證外商的利益，以致外商在蘇聯辦企業得不到什麼實惠。

當列寧從哈默的談吐中聽出這種憂慮，馬上又把話說得一清二楚：「我們明白，我們必須確定一些條件，保證承租的人有利可圖。商人不都是慈善家，除非覺得可以賺錢，不然只有傻瓜才會在蘇聯投資。」

列寧對哈默的一連串的疑慮，逐一進行釋疑，一樣一樣地都給他說清楚，並且斬釘截鐵，乾脆俐落，毫不含糊，把政策交代得明明白白，使得哈默的心好像一塊石頭落了地。沒過多久，哈默就成了第一個在蘇聯租辦企業的美國人。

假如當初列寧不是很巧妙地解開哈默的疑問，那麼哈默很有可能就不會在蘇聯投資了，那樣無論對哪一方都將會是一種損失。

若是你想求對方辦事，而對方又心存疑慮時，你最好採用上述方法，巧妙解開對方的疑團，讓對方放下心理包袱，那麼事情就變得好辦多了。

適當轉移話題，提高對方談興

適當轉移話題，提高對方的談興，也是求人辦事過程中常用的一種方法。比如，有些事透過直言爭取對方的應允已告失敗，或在自己未爭取之前就已經明確了對方不肯允諾的態度，在這種情況下，就應該採取委屈隱晦、轉移話題的辦法了。

「委屈」就是不直接出面或不直取目的，而是繞開對方不應允的事情，透過另外一個臨時擬定的虛假目的做幌子，讓對方接受下來，當對方進入自己設定的圈套之後，自己的真實目的也就達到了。

所謂「隱晦」就是掩蓋自己的真實目的，以虛掩實，讓對方無從察覺。表面上好像自己沒有什麼企圖，或者讓對方感到某種企圖並非始於自己，而是另外一個人。這樣，對方可能就不再有戒備和有所顧慮，要辦的事情處在這種無戒備和無顧慮的狀態中顯然要好辦得多了。

委屈隱晦的最大特點就是含而不露或露而不顯，在具體運用時有些小竅門需要認真領悟。在運用這種技巧時，說話者首先要瞭解聽者的心理和情感，這是說者必須掌握的說話技巧的基礎。我們也只有在瞭解聽者的心理和情感的基礎上，才能正確地選擇某個場合該講什麼，不該講什麼，哪些話題能夠打動聽眾的心坎，能使聽眾產生共鳴。

人的情感是一種內心世界的東西，一般是捉摸不定，較難掌握的。但是，在有些場合，人的內心的東西又常透過各種方式而外露。如果我們善於觀察聽者的一舉一動，並能據此加以分析和推測，那麼，我們是基本上可以掌握聽者的心理和情感的。

某中學老師悉心鑽研中國古典文學，出版了近二十萬字的一本有關詩歌的書籍。該校的校刊社小記者得到消息後就到這位老師家採訪。讓老師介紹寫書經驗，只見那位老師面帶難色，認為只是一個專題學習，談不上什麼經驗。

小記者抬頭望著牆上的隸書說：「老師，這隸書是您寫的吧？」

老師：「是的！」

小記者：「那麼請您談談隸書的特點，好嗎？」

這正是老師感興趣和願意談的話題，師生之間的感情逐漸變得融洽起來。

這時，小記者不失時機地說：「老師，您對隸書很有研究，我們以後還要請您多加指導。不過，我們現在十分想聽聽您是怎樣寫成《中國詩歌發展史》這一書的。」

此刻，老師深感盛情難卻，也就只好加以介紹了。

由此可見，當某個話題引不起對方的興趣時，要有針對、有選擇地挑選新的話題，以激起對方的談興。如同運動員談心理與競技的關係，同外交人員談公共關係學，兩人肯定會一拍即合，談興大發。

值得注意的是，轉換話題以後，勸說者還要注意在適當時機及時將話頭引入正題。因為換題只是為了給談正題打下感情基礎，而非交談的真正目的，所以，當所換之話題談興正濃，雙方感情溝通到一定程度時，勸說者就要適可而止，將話鋒轉入正題。

當你與別人辦事進入某種僵局時，你最好採取適當轉移話題的辦法，從另一個角度同對方談話，以此提高對方的談興。在不知不覺中，你再把話題拉回來，順利辦成你想辦之事。

聲東擊西，出乎對方意料

巧妙地說服別人幫你辦事有很多技巧，其中有一種很重要的方法就是聲東擊西。對於固執己見或執迷不悟者，最好的說服辦法是聲東擊西，明說是「東」，其暗示的卻是「西」，讓人從中領悟到你的用意，因而接受你的意見。

在這個世界上，沒有人是不求人的。

但求人請托要想獲得好的效果也不是件容易的事，所以，要使對方心甘情願地為你幫忙，你必須練就一副銅牙鐵齒。如果你沒有口才，只一味地談自己的事，並不停地對對方說「勞你費心，請你幫忙」之類的話，只會讓人感到不耐煩。

五代後唐的開國皇帝莊宗李存勖，有一次打獵興致來了，縱馬奔馳。等到中牟縣，鞭急馬快，老百姓田地的農作物被他踐踏了一大片。中牟縣令為民請命，擋馬勸阻。沒想到引起莊宗大怒，當面斥退縣令，並要將縣令斬首示眾，隨行大臣沒有一人敢進諫言。過了一會兒，伶人中一個叫敬新磨的從背後轉到莊宗馬前，並立即率人追回被砍頭的縣令，押至莊宗馬前，憤怒地指責縣令道：

「你身為一個縣官，難道還不知道我們的天子喜歡打獵嗎？你為什麼縱使老百姓在田地裡種農作物來交納國家的賦稅呢？你為什麼不讓你們縣的老百姓餓著肚子而空著地，好讓天子來此馳騁打獵取樂呢？你的罪該死！」

怒斥之後，他請莊宗對中牟縣令立即行刑，其他伶人也隨聲附和。莊宗聽著、看著，然後哈哈一笑，縱馬而去，遂免了中牟縣令的罪，讓其回府了。

敬新磨對皇帝的一段諫言，奇特新穎，他指東說西，逗樂了莊宗皇帝，又免去了中牟縣令的死罪。由此也可見敬新磨的煞費苦心。

當你在求人遇到阻礙時，可以採用這種背道而馳、指東說西的方法，讓對方從你的話中領悟出內在道理，因而改變所有的決定。

「理直氣壯」的理由對方更容易接受

有些人面對初次見面的人，就以理虧的口吻說話，這種無謂的謙卑，反而會使自己站不住腳，並無益處。

求人辦事也要名正言順，要有個理由，有個說法，給個交代，或找個藉口，做個解釋。在求人的理由上做文章，實際上就是為自己的求人辦事尋找個好藉口。

人類是理性的動物，不論什麼事情，希望能給別人個說法。即使是個無賴之人，也不願讓人說自己無理取鬧，他們總會有自己的「歪理」；皇帝殺臣下、除異己，也得給文武大臣有個解釋，真是「欲加之罪，何患無辭」，在求人辦事中，我們也總要為自己找個藉口。藉口隨處都需要，只是編造技術有好有壞。

藉口，其實就是「沒理找理」，所以找藉口時要繃起臉來，一副「理直氣壯」的樣子，方能得逞。儘管找人辦事總是要找一定理由的，但具體應該怎樣找理由就應該多一下番工夫了。

以廣告人為例，他們可以說個個都是找藉口的高手，當即溶咖啡在美國首度推出時，曾有這樣一段故事。公司方面本來預測這種咖啡的「簡單」、「方便」會大受家庭主婦的歡迎。沒想到事與願違，其銷售並無驚人之處。

姑且不論味道問題，大概是因為「偷工減料」的印象太強的關係。因為在美國，到那時為止，咖啡一直都是必須在家裡從磨豆子開始做起的飲料，只要注入熱水就能沖出一大杯咖啡來，怎麼看都太過便宜了。

所以，廠商便從「簡單」、「方便」的正面直接宣傳，改為強調「可以有效利用節省下來的時間」的廣告戰略——「請把節省下來的時間，用在丈夫、孩子的身上。」

這種改變形象的做法，去除了身為使用者的主婦們所謂「對省事的東西趨之若鶩」的內疚。因為「我使用速成食品，一點也不是為了自己的享樂，而是因為可以把節省下來的時間用到家人身上之故。」此後，銷售量年年急速上升，自是不在話下。

實際上，嗜酒者從不主動要求喝酒，卻以「只有你想喝，我陪你喝」，或者「我奉陪到底」，「捨命陪君子」這類藉口來達到心願，表面上既不積極，也不乾脆。

如果你想在交際中如魚得水，就一定要擅長這方面，即在辦某件事時總要找個理由作為依託，這樣才算圓滿。而且在這種理由的掩蓋下，即使他知道自己的責任，也會一味推卸。

利用人們的這種心理，先替對方準備好藉口，對方就不會再推辭。比如，送禮給人時，先要說：「你對我太照顧了，不知如何感激，這是我一點小意思，請您接受。」由於有了藉口，所以對方減少了內疚意識，定會欣然接受禮物。

在求人辦事時，先在理由上做足文章，為辦事找個臺階。人都是這樣，辦事情講究名正言順，你給他一個名，他是很樂於做些自我欺騙、掩耳盜鈴的事的，尤其是事情對自己有利的時候。

你不能?不知的
處世心理學

Chapter 6

獲得他人追隨的籠絡心理學

巧唱「空城計」，牽著對方鼻子走

虛虛實實，兵無常勢，變化無窮。空城計，是一種被動作戰的被動行為，當我們實力弱勢、甚至走投無路時，妙用此計，以假亂真，可充分利用資訊的不對稱性和對方的心理，牽著對方的鼻子走，實現自己的利益最大化。

古代戰場上，諸葛亮曾以兩千五百名士兵巧設空城計，利用司馬懿的疑心，智退二十萬大軍，出奇制勝。空城計之所以奏效，是因為它提供的資訊虛虛實實，讓人無從琢磨。這種方法在現代商場上也時有運用。

某地區盛產紅茶，這一年茶葉豐收了，茶農們踴躍地將茶葉賣給了茶葉收購處，這使得原本庫存量就不小的茶葉進出口公司，庫存進一步增加，形成了積壓，而積壓最嚴重的就是紅茶。這麼多的茶葉讓進出口公司的業務員很煩惱，如何設法銷出去呢？

正在這時，有外商來詢盤。進出口公司覺得這是個好機會，一定要把握住這個機會。為此，他們做了周密部署。

在向外商遞盤時，進出口公司將其他各種茶葉的價格按當時國際市場的行情逐一報出，唯獨將紅茶的價格報高了。

「其他茶葉的價格與國際市場行情相符，為什麼紅茶的價格要那麼高？」外商看了報價，當即提出疑問。進出口公司方的代表坦然地說：「因為今年紅茶收購量低，庫存量小，加上前來求購的客戶多，所以價格就只得上漲。中國有句古話叫僧多粥少就是這個意思。」

外商對進出口公司所講的半信半疑，談判暫時中止了。

隨後的幾天，又有客戶前來詢盤。出口公司照舊以同樣的理由、價格回覆他們。

外商心裡不免暗中嘀著：「真的像他們所說的那樣嗎？若是真的需求量大而庫存量小的話，還得趕快簽訂收購合約，否則價格還會提高。」

雖說外商對紅茶的報價心存疑問，想瞭解真實的情況，但也不可能因為紅茶的價格略比往年高，就派人去實地考察。於是就透過間接的途徑向其他客戶查問，查問結果與自己獲得的資訊是一樣的。

最終，外商與進出口公司就關於購銷紅茶一事簽訂了合約，唯恐遲了無貨可供。價格方面當然按進出口公司所報的價。

在這個例子中，進出口公司就是很好地利用了「空城計」的戰術，故意傳播虛假資訊，說是「紅茶庫存量小，需求量大，價格上漲。」並對自己的資訊做了周密的準備，使對方無法證實資訊的真假，最終不但將茶葉銷售一空，而且還賣了個好價錢。但如果一開始進出口公司的工作人員就暴露出紅茶豐收的資訊，那麼外商一定會想方設法地壓低價格，使進出口公司遭受不必要的損失。

任何實際戰略中，風險往往與機遇、利益和成功並存。空城計的奇巧之處在於：要善於正確、及時地掌握對方的背景、性格特徵、心理狀態等，因時、因地、因人地以奇異的謀略解除自己的危機。

不過，由於此計具有很大的不確定性和風險性，許多主動權和機遇還掌握在對方手裡，因而在萬不得已的情況下，不宜使用空城計。同時，此計也不宜重複、多次地運用。

借謊言走下臺，不損面子擺脫窘境

生活中，面對有些情景，我們講的實話對人、對己、對事都無益。一個人滿嘴謊言肯定不是好事。但是，一個人要是連一句謊言也不會說，也不一定是好事。

小郭是一個很無趣的人，孟欣很不喜歡和他在一起，所以當小郭邀孟欣下班後去吃飯時，他就編了個謊話說：「今天有點事，實在沒時間。」

像孟欣拒絕小郭的邀約，就是使用說謊的權宜之計，因為不管怎樣，孟欣總不能說：「和你這種人喝酒實在是很無聊的事，所以我不去。」這樣說是很傷感情的。

打發了小郭後，孟欣約業務科的老陳到公司附近的小館子去喝一杯。

孟欣與老陳喝得正起勁的時候，小郭突然出現：「孟欣，你不是說今天沒空嗎？」

很顯然，這是一個極尷尬的場面。由於事出突然，孟欣一時也找不出話回答，只是心想要怎樣才能消除這種尷尬。

孟欣該怎麼辦呢？

如果以實相告，那麼同事間這個「梁子」算是結下了。這時要注意，謊話比真話更容易讓人接受，但說謊一定要藝術一些。既要避免跟對方針鋒相對，又要達到自己的目的，有時候一個「善意的謊言」是非常有效的。

在這種情形下，最好就是大家都坐下來喝酒。而且對第三者出現的理由，一定也要有交代。

「本來約我今晚談生意的人，就在你離開後打電話來說臨時有急事要取消約會。使得我很懊悔沒有接受你的邀約，等我去找你時，你已經離開了。湊巧碰到老陳，所以我找他來這裡喝一杯……」

這樣既給自己找了臺階下，也照顧了對方的感受，一個小小的謊言，卻起到了化干戈為玉帛的作用。當然，在酒桌上好說話，容易圓謊。要是在其他場合中謊言被識破該怎麼辦呢？用「裝傻充愣」的辦法也能順利「過關」。

企劃部的小春請求阿成為他修改一篇論文，小春把文章交給了阿成。

兩天後，小春問阿成改好沒有。阿成愣了，他壓根忘了這事。如果直說，顯然會傷害到小春，阿成答道：「實在對不起，我為這事煩著呢！我已改好了，可是電腦染上了病毒，檔案全部都不見刪除了，給我一天時間，我再做一份。」阿成回去後趕緊修改，圓了這個謊言。

說謊有術，圓謊有招，與人交往時懷著善意的目的把謊話說得好聽，讓謊言給人帶來歡樂，是一種本事，也是一種美德。我們常會遇到一些意想不到的情況而陷入窘境，這時候，不撒個小謊還真不行。只要目的的單純，沒有害人之心，謊言是一把上得來，下得去的梯子。

虛張聲勢，以小充大贏得多

在與他人打交道時，尤其是經商、談判或求人辦事，可以把僅有的「資本」集中在一個點上，讓對方只看到你強大的一面，從你這個側面的強大，對你的整體實力產生錯覺。

三〇年代，福松商會在日本神戶地區開張，年少得志的松永左衛門，擔任商會經理。開張不久，神戶最出名的西村豪華飯店的一個侍者給經理一封信，是一位叫山下龜三郎的先生送來的，松永打開信，上面寫道：「鄙人是橫濱的煤炭商，承蒙福澤桃介（松永父親老友，借了鉅資給松永作商會的開辦費）先生的部下秋原介紹，欣聞您在神戶經營煤炭，請多關照。為表敬意，今晚鄙人在西村飯店聊備薄宴，恭候大駕，不勝榮幸。」

當晚，松永一踏進西村飯店，就受到熱情款待，山下龜三郎對他畢恭畢敬，使得松永不免有些飄飄然了。

酒宴進行中，山下龜三郎提出了自己的懇求：「我有個朋友在橫濱地區有一家相當大的煤炭零售店，信譽很好。如果松永先生願意信任我，讓我為您效勞將貴商會的煤炭賣給這個朋友，他一定樂於接受。貴商會也會從中得到不少利益。我只收取一點傭金就行了。不知先生意下如何？」

松永聽完之後，心裡就慢慢盤算起來。沒等他開口，山下龜三郎就把女招待叫來，從懷裡掏出一大疊大面額鈔票，隨手抽出幾張給女招待，請她幫忙買些神戶的特產瓦形煎餅來，並當著松永的面，十分闊綽地抽出一張作為小費。松永看那一大疊鈔票，暗暗吃驚。心想：這位山下先生來頭不小啊！

稍作思考，便對山下龜三郎說：「山下先生，我可以考慮接受你的請求。」經過簡單的談判後，松永便與山下龜三郎簽下了合約。

豐盛的晚宴後，松永一離開，山下龜三郎便馬上搭上末班車回橫濱去了，西村飯店那樣高的消費，哪是山下龜三郎所能住得起的？山下龜三朗的那一大疊鈔票，其實只是他以橫濱那不景氣的煤炭店作抵押，臨時向銀行借來的；介紹信則是在瞭解了福澤、秋原與松永的關係後，藉口向福松商會購買煤炭，請秋原寫的。然後，山下龜三郎又利用豪華氣派的西村飯店作舞臺，成功地上演了一齣財大氣粗的「豪邁」好戲。從此以後，山下龜三郎就直接從福松商會得到煤炭，轉手賣給別人，利潤滾滾而來。

業務介紹信、飯店裡設宴談生意、給招待員小費，是日本商界中司空見慣的。故事中，山下龜三郎就是利用這些極為平常的小事，大方的出手顯示自己擁有雄厚的實力。而年輕的松永，被山下龜三郎誠懇恭敬的熱情招待和慷慨大方所迷惑，果真把山下龜三郎當成氣派的富商對待了，並與其簽下了合約。聰明的山下龜三郎給松永提供的資料可謂有真有假、亦是亦非，他利用這些虛虛實實的情況而贏得松永的信任，因而達到自己的目的。

在商業經營過程中，虛張聲勢經常能夠迷惑對手的判斷力，突破對手的心理防線，使他不自覺地相信你虛擬的事實，因而佔據交易的先機，取得良好的經營效益。對於實力不強的人來說，虛張聲勢還有助於迅速發展自己的事業，做到以弱勝強。不過在應用的時候一定要掌握好分寸，切忌搬起石頭砸了自己的腳，到時你喪失的不僅是商機，甚至會失去信譽。

常言道：「與臭棋簍子下棋，只會越下越臭。」在人類社會裡，誰都願意與強者打交道、合作，當你實力不夠強大的時候，就可以考慮透過運用虛張聲勢的手段來為自己贏得強大的實力，進而為自己開拓一條成功的大道。

自導自演雙簧戲，沒有條件也創出條件

有時候我們做事情時發覺沒有什麼條件可憑藉，遇到這種情況，「沒有條件，創造條件也要上」來個自導自演，以「謊言」讓對手相信，並為你辦事。這樣的「謊言」是一個聰明能做個事的表現，還可獲得別人的尊敬。

張作霖本是「綠林匪首」為了轉為清政府的「正式幹部」，他別出心裁攀附上了盛京將軍曾祺，實現了自己的夢想。一九〇〇年，張作霖已成為東北幫派土匪中一股不小的勢力。這一年清政府恢復了曾祺的職務，讓他回奉天收拾殘局。張作霖看到中俄戰爭已經結束，土匪的日子日益難過，就想洗手不幹，轉為歸順朝廷。

張作霖若直接去投靠曾祺，是很危險的，弄不清曾祺的心思，搞不好會被一網打盡，落個身首異處。

恰好曾祺的姨太太要從關內返回奉天，此事被張作霖手下幹將湯二虎探知，急忙報告。張作霖一拍大腿，說：「這真是天助我也！」於是張作霖就吩咐湯二虎，如此如此行事。

湯二虎在新立屯設下埋伏，將曾祺的姨太太一行攔下，隨後把他們押到新立屯的一個大院裡。

曾祺的姨太太和貼身侍者被安置在一座大房子裡，四周站滿了持槍的土匪，這時，張作霖飛馬來到大院。故意大聲問湯二虎：「哪裡弄來的馬？」

湯二虎大聲說：「這是弟兄們在路上做的一筆買賣，聽說是曾祺將軍大人的家眷，剛押回來。」

張作霖假裝憤怒說：「混帳東西！我早就跟你們說過，我們在這裡是保境安民，不要攔行人，今後如有為國效力的機會，我們還得求曾大人照應！你們今天卻做出這樣的蠢事，將來怎麼向曾祺大人交代？你們今晚要好好款待他們，明天一早送他們回奉天。」

屋裡的曾祺姨太太聽得清清楚楚，當即傳話要與張作霖面談。姨太太很感激地對張作霖說：「聽罷你剛才的一番話，知你將來必有作為，只要你保證我平安回奉天，我一定向將軍保薦你這一部分力量為奉天地方效勞。」張作霖聽後大喜。

次日清晨，張作霖侍候曾祺姨太太吃好早點，然後親自帶領弟兄們護送姨太太回奉天。

姨太太回到奉天后，即把途中遇險和張作霖願為朝廷效力的事向曾祺將軍講了一遍。曾祺自然感謝張作霖，立即奏請朝廷，把張作霖的部眾編為巡防營。張作霖從此正式告別了「胡匪」、「馬賊」的生活，成為真正的清廷管帶（營長）。

張作霖原本與曾祺是有點關係的，憑這些被招安容易，但弄個好官卻很難。天不弗其願，曾祺的姨太太路過他們那裡，給了他一個獻媚曾祺的機會。他與湯二虎演了一段雙簧，順利地達到了目的。就這樣，張作霖利用「雙簧戲」成功地由黑道轉為正道。

騙子也常常利用「雙簧戲」來害人，我們遇到別人突如其來的「好意」時，應仔細綜合分析種種跡象，弄清楚其中絲絲相扣的關聯，就能識破騙子的「雙簧戲」，看清他的真面目了。

用「曝光效應」，拉近彼此關係

事實證明，某個事物呈現次數越多，人們越可能喜歡它。這與「熟悉產生厭惡」的傳統觀念恰恰相反。其實，心理學家有關單詞的這個研究，恰恰證明了曝光效應的存在，即某個刺激的重複呈現會增加這個刺激的評估正向性。

曝光效應不僅使人們對經常見到的單詞的喜愛程度增加，在人際交往中，曝光效應也同樣適用。這就是說，隨著交往次數的增加，人們之間越容易形成重要的關係。一般來說，交往的頻率越高，刺激對方的機會越多，「重複呈現」的次數越多，越容易形成密切的關係。

兩個人從不相識到相識再到關係密切，交往的頻率往往是一個重要的條件。沒有一定的交往，如果像俗話所說的「雞犬之聲相聞，老死不相往來」那樣，則情感、友誼就無法建立。當所有其他因素相等時，一個人在另一個人面前出現的次數越多，對那個人的吸引力就越大，這種現象常發生在看到某人照片，聽到某人名字之時。

我們在人際交往中，都希望得到別人的喜歡。對此，就得讓別人熟悉你，而熟識程度是與交往次數直接相關的。交往次數越多，心理上的距離越近，越容易產生共同的經驗，取得彼此瞭解和建立友誼，由此形成良好的人際關係。例如教師和學生、老闆和祕書等，由於工作的需要，交往的次數多，所以較容易建立親近的人際關係。

一九六八年，美國心理學家扎瓊克曾經進行了交往次數與人際吸引的實驗研究。他將被試者不認識的十二張照片，按機率分為六組，每組兩張，按以下方式展示給被試者：第一組兩張只看一次，第二組兩張看兩次，第三組兩張看五次，第四組兩張看十次，第五組兩張看二十五次，第六組兩張被試者從未看過。

在被試者看畢全部照片後，另加從未看過的第六組照片，要求所有被試者按自己喜歡的程度將照片排序。結果發現一種極明顯的現象：照片被看的次數越多，被選擇排在最前面的機會也越多。

可見，簡單的呈現確實會增加吸引力，彼此接近、常常見面的確是建立良好人際關係的必要條件。另外求人辦事也可以用到這個，千萬別一次把禮送完，想想看，把十萬元分成十次，每次一萬元送出去，是不是比一次送十萬元效果更好呢？把禮物分成多份，這樣可以加深對方的印象，混個更熟。

當然，任何事物都是辯證的，不是絕對的，交往次數和頻率並不能給我們帶來預想的結果，有時，反而會適得其反。我們應該承認交往的次數和頻率對吸引的作用，但是不能過分誇大其對交往的作用。

俗話說：距離產生美，任何事情都存在一個分寸的問題。有些心理學家孤立地把研究重點放在交往的次數上，過分注重交往的形式，而忽略了人們之間交往的內容、交往的性質，這是不恰當的。

同學關係也要強化

在人際交往中，我們一定要重視同學之間的友情。牢記這一點：同學關係能在你危急關頭幫上大忙，或許還能幫助你成就一番事業。

如果期待關鍵時刻同學能對我們有所說明，這需要我們平常多做努力。如果你與同學分開以後，從來就沒有聯絡過，別說請求同學幫忙辦事了，可能他連你姓甚名誰都記不起來了。認識到了這些，就要學會將同學關係進化，尤其是到了社會上，就更要積極主動的與過去的老同學經常保持聯繫，加深彼此之間的感情。這樣，才能在必要的時候得到同學的幫助。

某鋼材公司銷售部門經理王明，聽說一公司要進一批鋼材，正在聯繫貨主。於是王明和該公司聯繫，但是他發現已有數家鋼材公司同時和這家公司聯繫，競爭十分激烈。

王明透過調查該公司人員資料發現，該公司的一部門經理竟是自己高中時的同學任光，雖然王明與其十多年沒見面了，但是王明還是決定約見任光。

在週六的晚上，王明和任光二人在「聚仙閣」酒樓相聚。兩人見面後，自然是感慨萬千，各自唏噓不已。兩人一陣寒暄後，王明就談起了高中時的往事：

「任光，不知你還記不記得，高中一年級時我們的那次春遊。那時真是天真爛漫的時候，記得爬山時的情景嗎？我們班的馬麗麗怎麼也爬不動了，讓你拉她一把，你臉紅得不得了，還不好意思拉人家！」

任光不好意思地笑了起來：「我那時哪有那麼大的膽子，不比你，用一條橡皮『蛇』嚇得女生們都不敢往前走了，還是我揭穿了你的詭計，把你的『蛇』扔到了山下，你還吵著要我賠新的！」說著兩個人都笑了起來。

兩個人又談起了高中時的許多往事，不禁越談越來勁，越談越動情，兩個人都落了淚。這時，時間已經不早了，兩個人又聊到了當前的工作，王明順勢說：「我們公司最近有一批好鋼材，質優價廉，聽說你們公司正需要，怎麼樣，我們兄弟也合作一回吧？」

當時的任光還正沉浸在高中的記憶之中，一聽到老同學有所求，自己公司又需要，二話沒說，當即就說：「這實在太容易了嘛！回去我就跟銷售經理說，憑我和他的關係，保證沒問題。」果然，幾天後，在老同學的幫助下，王明順利地簽訂了合約。

王明正是利用與任光的這層同學關係，先勾起對方的回憶，再順水推舟，提出合作之事，任光也樂得做個人情，雙方既增進了友情，又做成了生意，可謂是一舉兩得。在當時有那麼多的鋼材公司在他之前，競爭是相當激烈的，但是他很容易地就把這筆買賣談成了，這就是人脈動力的效應。

可是，在生活中，很多人都不重視同學之間的關係，他們認為同學之間只不過那幾年的緣分，時過境遷，相互之間也就沒什麼值得留意的了。其實這種想法是錯誤的。在校期間，同學天天見面，嬉笑玩鬧，不亦樂乎；一旦畢業，親疏遠近就靠自己維持了。

大千世界茫茫人海，既為同學，說明緣分不淺。雖相處時間不長，但這中間的關係值得珍惜，值得持續下去。如果你與同學分開後，還能保持相互聯繫，那對你的一生，或者說對你將來所要達到的目的與理想都會很有好處，這其中的有利方面，也許是你從未想到的。

你不能?不知的

處世心理學

Chapter 7

掌控難纏人士的擺脫心理學

對付哈巴狗：把喜怒哀樂放口袋裡

哈巴狗害人一般分兩招：其一借上司之威和上司給他的機會打擊報復；其二，對於異於眾人不和他套近乎之人，極盡口舌，破壞對方在老闆面前的形象。與其相處時，你千萬要小心，寧可裝得矮人一截，也不高人一寸。

哈巴狗是群善於察覺顏色的人。他們透過對人所展現的各種表情判斷何時出手，怎樣應付巴結。想讓他們無機可乘，那就關掉你對外的大門，把喜怒哀樂放在口袋裡。

有些人覺得，這不就等同於壓制情緒的表達嗎？多痛苦啊！誠然，連喜怒哀樂都不能自由表達，這種人生沒太大意思。不過，若因喜怒哀樂表達失當而招來無妄之災，那人生不是更沒意思？因此，沒有必要做一個喜怒哀樂見不著痕跡的人，但不妨把喜怒哀樂放在口袋裡。

這樣做的好處有：把喜怒哀樂從情緒中抽離，你便可以理性地看待它，思索它對你的意義，進而訓練自己對喜怒哀樂的控制。把喜怒哀樂放在口袋裡就是不隨便表現自身的情緒，以免被別人窺破弱點，予人以可乘之機。

在某些老闆身邊，那些善於察言觀色的「有心人」，不但對老闆平時工作和生活上的習慣、特點一清二楚，就連吃喝玩樂上的癖好、家事私情上的心思，乃至收禮受賄時內心打什麼樣的小算盤也瞭若指掌，隨時都在準備著投老闆之所好。

很多老闆對吹拍之人也是看不慣的，但他們中的一些人架不住馬拉松式的「攻勢」，久而久之便麻木起來，見到這些人的迎合、體貼入微的關懷，從心底裡把默許贊同表露在臉上，也慢慢地「入鄉隨俗」了。這種畸形的人際關係一旦建立，「奴才」們的感情投資就達到了目的，收穫利潤的季節也跟著到來了。

對於哈巴狗來說，你的一舉一動他都看在眼裡，想在心裡，揣摩著、研究著。我們不能低估這幫實踐型「心理學家」的能耐。對他們來說，你的點頭是鬆懈的開始，你的憤怒是哈巴狗大獻殷勤的良機，你的低落是他們撫慰的對象，你的開懷大笑是他們舉兵而入的最佳時刻。

對付牆頭草，因人施招

牆頭草是形容這樣一類人，見利思遷，唯利是圖，見風使舵，哪裡有好處就往哪裡靠，他們行事的指標和方向是利。在利益的驅使下，隨時隨地變換臉色，是十足的變色龍。對付他們，要因人而異。

牆頭草善拍馬屁，不管能力大小，逢迎媚上都學得心應手。有不少人被奉承得昏了頭，誰對他畢恭畢敬、阿諛奉承，就等於佩服他，他就對誰恩寵有加，大加讚賞和關愛。無疑，這種人更助長了阿諛奉承之風的盛行。

作為上司，首先應當保持清醒的頭腦。哪些是實事求是的評價之辭，哪些又是阿諛奉承之辭；在阿諛奉承之中，哪些人是出於真心而稍稍過分地讚美幾句，哪些人又是企圖透過奉承上司而達到自己的某種企圖；哪些奉承之辭中含有可吸取的內容，哪些奉承話都是憑空捏造、子虛烏有，等等，都要分辨清楚。

一、對於只會拍馬而不學無術的牆頭草，對付的方法就是炒魷魚，讓他捲舖蓋走人。當然，如果他確是無能之輩，也該讓他走人。況且他還專善阿諛奉承，你周圍有這麼一顆不知何時爆炸的炸彈，你說你還會有多少好日子可過？所以，及時讓他走人比什麼都強。

二、對於有一定能力而又有些奉承愛好的員工，最好給他找個合適的位子。這類人不好簡單辭掉，因為他還有一定能力；也不可委以重任，因為他的忠誠度有待考驗，一旦此人心猿意馬，遲早會壞了你的大事。

三、能力一般而又有某些奉承毛病的人要注意批評教育，並採用不同的方式方法。要有耐心，不能急於求成，這種毛病的養成不是一朝一夕的事，改正起來也不容易。在這個時候，你要格外注重策略，注意態度，爭取從根本上扭轉他們的認識，改正他的毛病，杜絕拍馬現象，從壓制逢迎之風開始。

四、對於那些確有較強能力卻喜好溜鬚拍馬的「牆頭草」，你一定要小心對待，這些人弄不好會造成極大的麻煩。對待這種人，首先你要依據他的實際能力委以相應的職務。起碼在他們的眼中，你不能成為不識才的領導者，這會影響著他們的工作熱情。

五、朋友中的牆頭草也要認真。朋友之間講求真誠相待，牆頭草利欲攻心，今天有利是朋友，明天可能就裝作不認識。你對他再好，他也不會記恩，因此慎交牆頭草類的朋友，不讓他們輕易接近你。

如果已經是朋友了，你才發現他的真面目，最好及早抽身，遠離他們，牆頭草不會無緣無故對你好，越是突然殷勤越應提防，不要隨便透露自己的想法，和他們保持距離。

對付偽君子，要敢於說「不」

有一句名言說：「世上漫結交，其後每多悔。」意思是說，有些人隨便交朋友，結果往往要後悔，所以，當我們發現對方不是真正的朋友時，要及時拒絕，以免被友情所累。偽君子的慣用招數裡有偽裝朋友這一條，所以面對偽君子，你應該第一時間拒絕。

拒絕朋友可能難開口，但要清楚對方提出的要求是否合理。如果不合理，你不能礙於情面，要明確乾脆地拒絕。只要拒絕得對，誰也沒有理由指責你。如果自己答應的事情卻做不到，便會讓人反感。

當然，我們在拒絕別人時要講究技巧，要讓對方容易接受。

一是不傷害對方的自尊心。每個人都有自尊，如果你在拒絕時不顧及對方的自尊，會使他們無法接受，認為你不夠尊重他們，不給他們「面子」，甚至引起他們的強烈不滿與氣憤。

二是儘量使用間接拒絕的方法。想直截了當地對他人說「不」，可是話到嘴邊卻很難開口，擔心這樣做會使對方感到難堪，甚至會傷害彼此的感情，因而失去了朋友。

三是變相說「不」。當朋友向你提出某種要求時，不必正面拒絕，而是巧妙地把對方的話題引向別處，使對方不自覺地淡忘原來的要求，因而達到的目的。這種轉移話題的方式，十分奏效。

四要以禮相待。你感到氣憤，甚至根本無法忍受時，也要沉住氣，不可大發雷霆，出言不遜，惡語傷人。小人也有露出真面目的時候，以合適的方式向他說「不」，在未拆臺前，你已經先勝一籌，就算他想咬人，但已理虧。

對於偽君子，孔子早就說過：「花言巧語，一副討好人的臉色，十分謙卑恭敬的樣子，左丘明認為可恥，我也認為可恥。心底藏著對某人的怨恨，表面卻要去和那人友好，左丘明認為可恥，我也認為可恥。」所以，該說「不」時不管以什麼方式，都要毫不遲疑地說出口。

對付疑心重者，主動表明清白

培根說過：「猜疑就像蝙蝠，只讓人永遠在朦朧的夜裡飛翔。」多疑之人的眼睛預設很多陷阱，其實眼前都是坦途一片。與他們相處，你主動表明清白，消除對方的猜疑，掌握交際主動。

懷疑，意味著不信任、不友好，潛伏著更激烈的矛盾隱患。如果一個人的周圍，到處可見懷疑的目光，那就說明他的處境很危險。被人懷疑不是件好事，為此，聰明的人總是設法解除人們的懷疑。

在悅來客棧裡，一個客官拿著金石杯飲酒，老闆以為是真金做成的杯，不停地盯著這客官。客官覺察出來以後，故意將杯子扔出窗外。老闆既驚訝又惋惜。這時客官告訴老闆：「這不是真金做的，沒什麼可惜的！」

被人懷疑時，怎樣解除他人的疑慮，從上面的小故事可以知道：一定要主動化解，尤其面對多疑的上司時更應這樣。

讒言，也就是我們今天所說的「小報告」。讒言本身並不可怕，最可怕的是你的老闆是一個愛聽信讒言的多疑的人。如果老闆不分是非曲直，疑神疑鬼，讒言就成了一件致命的武器。古往今來，由於老闆聽信讒言而導致下屬悲慘下場的事例屢見不鮮。愛國詩人屈原、民族英雄岳飛，不就是因為其君主多疑，聽信讒言而遭受迫害的嗎？如果你遇到那種思想簡單，遇事不加分析、不做調查就胡亂猜測的上級，碰巧又有小人向他進讒言陷害你，你該如何呢？

為了不至於和老闆發生衝突，並且使他明白你是受到了讒言的陷害，你可以這樣做：

一、運用技巧揭穿讒言的真面目，為自己洗刷清白。有人向老闆進讒誣陷你，偏偏老闆又聽信了讒言，這種情況對你極為不利。不過，你不要害怕，應拿出勇氣來，在上司面前以積極的態度與其抗爭，找出證據、採取技巧、揭穿讒言的真面目，還自己一個清白。

二、面對上級對自己莫名其妙地突然地冷淡疏遠，或在會議上不點名、暗示性地批評你，甚至故意製造工作中的問題為難你、制裁你，應當主動找上級溝通，問清緣由，說明真實情況。

凡事如果拿到桌面上，公開地、坦率地說清楚，往往會收到較好的效果。迴避的態度、忍氣吞聲的做法，只會使真相籠罩在一層迷霧中，加深上級對你的誤解，加大雙方的隔閡。應當正視面臨的困境，努力想辦法擺脫被動局面。

三、變被動為主動。如果確切無疑地知道上級已經在猜疑你，你可以在上級沒找你之前先找他，把一切實情坦然相告，這樣就可以變被動為主動。另外，為了制止獻讒者繼續造謠生事，應當凜然正色地找到這位當事人，以暗示的口氣給予必要的警告。

既要讓老闆認清事實，澄清自己的冤屈，也要使好猜疑的老闆身邊少一些進讒言之人。這些都歸結於面對別人猜疑的態度：主動出擊。

對付忘恩負義者：一手戴手套，一手拿棍子

親情友情加愛情，有人看起來就等於零。即使是雪中送炭，十萬火急中送上門的援助，關上門後就是比冰霜還冷的漠視。所以，如果你是個經常關心幫助別人的善者，無情無義的人向你乞求施捨，你一定要提高警惕。

阿基為人厚道，在公司裡人緣極好。這次，組裡來了一個新同事，阿基本著做人原則，盡力照顧，誰知這位同事不但不感謝阿基，還暗地打著算盤，煽動一兩位不安分的同事，結成一個小「幫派」，三番兩次要阿基給點好處。阿基因未事先防範，應變不及，為了維護辦公室的安寧，只好向他們低頭，真是啞巴吃黃連，有苦說不出。

阿基以為他們會鳴金收兵，誰知過了不久，他們竟連同其他單位的人要逼他下臺。由於阿基在工作上曾有一次不小的疏忽紀錄，加上事起倉促，無從防備，因而「中箭落馬」，而接他位子的，正是那位新同事。

阿基防範不及，中了那群忘恩負義的人詭計。要防好他們的進攻，還得明確這些

人的心理發展路徑。剛開始他們口頭謝謝你，你會覺得這人還懂得感恩，慢慢的，他們就露出不足之心，踏破門檻，索求更多好處。

大部分人的反應是，給一次好處，多少會有感激之情，尤其在他有需要時，這種感激尤其強烈；再給，他慢慢感到分量不足；又給，便得寸進尺，主動索要了。最糟糕的是，當你不能滿足對方時，對方乾脆採用激烈手段，爭取這些好處。

當然，並不是給人好處必定會落到這步田地，但可能性是存在的，如果你手上有好處，就必須注意到這點。給好處要恰到好處，一旦勾起了他們無止的私欲，要趁早收手。

另外，這種人充分抓住了環境的脈動和主事者的弱點，甚至自己塑造環境，為自己營造有利條件，然後向資源擁有者叫陣，以求取利益。對於忘恩負義的人，他們向你索要好處，你是給還是不給？

不給他們暗算你，給了又是群忘恩負義的人，浪費資源。對付這種情況，要一手戴手套，一手拿棍子。

首先，他們向你索食或你給他們幫助時，警惕他們的大口胃，一次給予後不見反應，迅速收工。其次，他們再次需求無所得時，可能失去理智，你應當拿起棍子，遠離為妙。

最後，如果他們變換臉色，假惺惺裝正人君子，百般感恩，那更要注意了，敵人反攻的信號燈在亮了，要時時觀言察色，能不見就不見。

馴獸師之所以能在猛獸面前遊刃有餘，是因為他一邊有防護的工具，一邊又有制服動物的利劍。防範忘恩負義的人，何不學學他們呢？

對付「笑面虎」：留一道心理防線

對付此類口蜜腹劍的「笑面虎」，不管他是何等身分、哪個角色，關鍵的一條是不要輕易相信他的甜言蜜語。你的目標是要從他那裡得到直截了當的答覆，以瞭解自己所處的地位，作出相應的計畫。在認為他刁難你之前，首先需要找出他這樣做的原因，再見機行事。

《孫子兵法》寫道：「信而安之，陰以圖之；務而後動，勿使有變。剛中柔也。」全句意為：暗地裡我方卻另有圖謀。要做好充分準備，然後再採取行動，不要使得敵方發生意外的變故，這就是外表上柔和，骨子裡卻要剛強的謀略。

這就是笑裡藏刀之計，用在軍事上是一妙招，屢屢能出奇制勝，但如果跨越到人際關係，為人處世，那這種計策的使用者就十分陰險，也就是我們所說的笑面虎。

笑面虎具有以下幾個特徵：

一、具有很強的功利心。

二、擅長玩陰謀詭計，喜歡耍小聰明。

三、心如蛇蠍，惡毒陰險。

四、無論任何人都不能阻礙他們前進的步伐。

他們表裡各一套，陰謀就藏在笑面裡，一貫兩面三刀。口蜜腹劍的人善用雙關語，初聽來是誇讚之語，實則話裡有話、暗藏殺機。你稍遲鈍片刻便中了他的圈套，被他羞辱一番，卻是有苦說不出，差不多是被迫吞下屈辱。

剛聽到恭維話的時候，你還意識不到他話裡有話，所以那些「好」話聽得你很舒服，想都不想裡面可能暗藏的貶義。可是細加思量，你便發現自己吃不準他是真的話裡帶刺，還是自己的疑心太重。再次聽到恭維話時，你就馬上明白他的確是在羞辱你，而並不是你的腦子出了問題，想偏了。

當他使用的雙關語像倒鉤一樣刺向你時，明明知道他別有用心，也知道自己應該反擊，可是你卻依然面帶微笑謝他，這時你真想踹自己幾腳。

對付這種笑面虎，就要學會以下幾招：

一、始終留一道心理防線

人心叵測，即使是好朋友都可能害你，對於笑面虎，如未能知其底細，當留一道心理防線。放鬆警惕、輕信他人，容易栽倒在小人手中。留一道心理防線，正是給自己留一條路，既禦敵於外，又可全身而退，不落入笑面虎的懷抱中，聽任宰割。

二、莫當好好先生

好人的聲譽不是憑空得來的，要有付出和代價。當代價超過心理承受底線時，多少會令人難以割捨，所以好人難當。做好人毫無過錯，但要講原則。「好人」被過分揮霍時，常會得到「好心當成驢肝肺」的後果。

你可以與他聊些無關痛癢的家長裡短，但不要讓他牽著你的話頭走。他如果發牢騷抱怨公司的壞處，或是議論別人的短長，即使與你心中所想的一拍即合，你也不能與之附和，這時你最好把話題岔開。否則，日後這些話會被他添油加醋地傳出去，說成是你的意見，叫你解釋不清，有苦難言。

口蜜腹劍的人很會籠絡人心，你千萬不要被他加了糖的麻醉劑弄得放鬆了警惕。

你不能？不知的

處世心理學

Chapter 8

揣摩人琢磨事的問話心理學

銷售提問的四大問訣竅

當你張口發問時，應根據你提問的目的及所問事物的性質，選用巧妙的提問方式。問什麼，怎麼問，會不會問，都是大有學問的。

需要注意以下幾點：

一、用詞準確貼切

提問時，用詞貼切，說準字眼，方能取得最佳的交際效果。

某售貨員與前來的顧客打招呼，開始這樣提問：「請問，您需要什麼？」不禮貌的顧客則回答：「我要的東西多吶，你給嗎？」售貨員如鯁在喉。後改問：「請問，您想買什麼？」青年顧客則笑答：「不買還不能看看嗎？」售貨員啼笑皆非。後又改問：「請問，您想看點什麼？」終於獲得了顧客的理解。

比較以上三個問句，由於選用了不同的動詞謂語也就產生了不同的交際效果：第一句中的「要」表義含混且兼有乞討味；第二句中的「買」將售貨員與顧客置於買賣關係之中，並會有迫人購物之嫌；第三句的「看」則表達了對顧客的尊重並暗示了顧客有自由選擇商品的權利，即使不買，也不覺得尷尬。三個不同的動詞導致出現三種不同的局面，由此可見用詞貼切的重要性。

二、擇恰當句式

問句按句式的結構劃分，可分為是非問、特指問、選擇問、正反問、猜度問等不同類型。在提問時，應根據不同的內容需要，恰當地加以選擇。

有家咖啡店賣的可可裡面可以加雞蛋。售貨員原來這樣問顧客：「要加雞蛋嗎？」後在一位人際關係專家的建議下將是非問改為選擇問：「要加一個雞蛋，還是兩個雞蛋？」從此，銷售額大增。

又如，你到一家餐館去就餐，點菜時你問：「這魚新鮮嗎？」通常情況下，店主出於營利的需要，即使魚不新鮮，他也會作肯定的回答，所以你等於是白問了。而如果換一種句式，將是非問改成特指問：「今天有什麼好菜嗎？」老闆為了給本店樹招牌、揚聲譽，他必然會將該店獨具特色的拿手好菜介紹給你。顯然，特指問句幫你達到了目的。

三、巧換提問語序

提問時，根據情況來巧妙地改變、調整詞語的順序，可以收到滿意的效果。有兩名菸癮很重的教士，其中一名問他的上司：「我在祈禱時可以抽菸嗎？」這個請求遭到了上司的斥責。

另一名教士也向上司提出了同樣的請求，只是變換了一個詞語的順序：「我在抽菸的時候，可以祈禱嗎？」上司莞爾一笑，竟然應允了他的請求。第二個教士的機智表現在他將原問句的狀語與謂語的中心詞調換了位置，用以表現自己時時處處都在為上帝祈禱的忠誠，因而取得了成功。

一手軟語磨耳，一手硬招襲心

在談判中，一味地用和氣、溫柔的語調講話，一個勁地謙虛、客氣、退讓，有時並不能讓對方信賴、尊敬及讓步，相反，如果一開始就以較強硬的態度出現，從面部表情到言談舉止，都表現高傲、不可戰勝、一步也不退讓，留給對方的也將是極不友好的印象。這樣會使對方對你的談判誠意持有異議，因而導致失去對你的信賴和尊敬。

一九二三年，蘇聯國內食品短缺，蘇聯駐挪威全權貿易代表柯倫泰奉命與挪威商人洽談購買鯡魚。

當時，挪威商人非常瞭解蘇聯的情況，想藉此機會大撈一把，他們提出了一個高得驚人的價格。柯倫泰竭力進行討價還價，但雙方的差距還是很大，談判一時陷入了僵局。柯倫泰心急如焚，怎樣才能打破僵局，以較低的價格成交呢？低三下四是沒有用的，而態度強硬更會使談判破裂。她冥思苦想終於想出了一個辦法。

當她再一次與挪威商人談判時，柯倫泰十分痛快地說：「目前我們國家非常需要這些食品，好吧，就按你們提出的價格成交。如果我們政府不批准這個價格的話，我就用自己的薪水來補償，你們覺得怎麼樣？」

挪威商人聽了她的話，一時竟呆住了。

柯倫泰又說：「不過，我的薪水有限，這筆差額要分期支付，可能要一輩子，怎麼樣，同意的話我們就簽約吧？」

柯倫泰的這句話雖然讓挪威商人很感動，但也感到了其中某種強硬的意味，要還一輩子？這裡面似乎已經沒有討價還價的餘地。最後，經過一番深思熟慮，他們最終還是同意降低了鯡魚的價格，按柯倫泰的條件簽訂了協議。

本來是緊張的商業談判，最後卻因為一方的示弱發生了意想不到的改變。這種示弱在商業談判中叫做「軟硬兼施」。當談話陷入僵局，雙方各執一詞爭執不下的時候，要想讓談判繼續下去，一方就要做出讓步。讓步不是無謂的退縮，而是在謀劃周全後，為了爭取最大利益而做出的舉動。

柯倫泰在雙方分歧較大的時候提出，用自己的錢買挪威人手中的貨物，還言辭懇切的詢問對方的意見如何。這些話麻痺了對方的神經，以為她真的會按自己說的去做，沒想到這只是柯倫泰的一種策略。而且，她最後說如果是自己付錢，恐怕要一輩子。

通常來講，談判雙方實際上就是在討價還價，但柯倫泰的「一輩子」讓對方一時語塞，不知道該怎樣回答，這就是一種硬。先軟後硬讓對方無所適從，柯倫泰正是看透住了對手的這種心理，才在談判陷入僵局時，掌握了主動，最後以較低價格簽訂合約。

無論生活中還是談判桌上，當我們遇到類似於故事中那樣的局面的時候，不妨試用一下軟硬兼施的談判方式，熟練掌握，很可能會取得意想不到的好結果。

兩難問題裡的權衡之計

這是面試的最後一關，應徵者的業務素質非常優秀，但面試官還是有些不放心：業務優秀不代表他整個人都優秀，他決定再考察一番。

面試官：「我現在有一個問題，有一天假如你和上司拜訪客戶，會談完畢後客戶送給你們兩張歌劇演出票，每張價值八百元，你先是非常驚喜，後來想到公司規定不許收取客戶價值七百元以上的禮品，就想送回去。但是你的主管非常喜歡歌劇，面對這種情況，你是按照公司的規定將演出票送回給客戶呢，還是遂了主管的意去看演出？」

應徵者：「這個問題確實不好回答，是主管願意看嗎？」

面試官：「對，是主管願意看。」

應徵者：「那我選擇和主管一起去看？」

面試官：「公司的規定怎麼辦？」

應徵者：「我覺得做人得靈活，規矩也是人定的。再說了，既然主管願意看，我為什麼要跟他對著來？我不是自討沒趣嗎？而且，那也是客戶的心意，這樣有來有往，也便於以後的合作嘛。」

面試官：「你是這麼想的？我再問你一個問題，如果那兩張演出票換成兩疊現金，你該怎麼辦？主管也喜歡錢，你會不會再遂他的意？」

應徵者：「那肯定不會，收錢是違法的，我不會那麼做的。」

面試官：「但如果主管跟你說，只要我們都不說出去，就沒人知道，而且他用命令的口吻讓你收下錢，你做不做？」

應徵者：「這……我一時還真不知道該怎樣回答。可能要到實際情況中才能做出應對吧。」

面試官：「好，你的面試就到這裡，你可以回去等通知了。」

應徵者剛走出門，面試官就在他的簡歷上打了個叉號，他被淘汰了。

上文中的應徵者為什麼會被淘汰？業務不精？能力不行？都不是。他是不能遵守公司的規定，沒有原則性。一個容易在原則性問題上犯錯誤的人，沒有哪家公司願意接收。

面試官最初的問題中有兩種可能性：收下票是合理的，因為主管愛看；不收票也是合理的，因為公司不許。應徵者怎麼選擇，表現了他怎樣的價值觀和個人秉性，是好是壞，一聽就明。

面對面試官提出的問題，應徵者最先說的不是自己的答案，而是確定主管是否真的愛看。他的這個回答反映出他的思維在向主管傾斜，或者一開始就站在主管的一邊。這種思維背後深層次的投影是：應徵者沒有將公司的規定放在心上。他以後的回答也進一步印證了這種觀點。他選擇和主管一起去看，原因是主管喜歡。但被質問將公司的規章放在哪裡時，他的回答裡竟有些不屑。說規矩是人定的，不要太死板。

這樣的回答令人失望，不管他個人的業務素質如何優秀，這樣的辦事態度和個人理念都給面試官留下了極壞印象。為了確認自己的判斷，面試官又將演出票換成了錢，讓對方選擇，對方竟不知如何作答，不知如何回答就是默認或者默許。

一個人面對公司利益和個人誘惑無法選擇的時候，這個人的個人素質就是不合格的，面試遭到淘汰也是情理之中的事。在面試的具體過程中，可以適時的提一些兩難問題讓對方回答，透過他的回答判斷其道德素養是否過硬，是否利慾薰心，一心為己而不為公司和他人。

請求式問話：溫和開頭好辦事

老闆總是老闆，希望什麼事情都由自己決定。作為下屬，向老闆提要求的時候，應該用商量的口吻去尋求他的意見，這裡面的問話技巧就更有學問。

小侯是一家化工公司的財務人員，整天坐在辦公室與數字打交道，這與他所學的科系不合。小侯覺得很沒意思，也不是他的興趣所在，所以想換個環境，發揮自己的特長。於是在一個上午，他瞄準老闆了一人在辦公室時敲門走了進去。

老闆見他進來，知道他肯定是有事情，示意他坐下後，問道：「小侯，有什麼事嗎？」

「經理，我有個小小的要求，不知您是否會答應？」他微笑著看著經理。

「什麼要求？說說看！」

「我……我想換個環境，想到外面跑跑，可以嗎？」

「可是你對業務不熟，你想跑什麼呢？」經理面有難色。

「業務不熟我可以慢慢熟悉。如果經理能給我這個機會的話，我會好好珍惜，一定不會讓您失望。」

聽小侯這麼一說，經理面色緩和了許多，問道：「你想去哪個部門呢？」

「您認為我去公關部合不合適？」經理皺了一下眉，「你原來做財務工作，現在去跑公關……」「經理，是這樣的，我有些朋友在媒體工作，我可以透過他們的關係為公司的宣傳出一份力，這樣，對公司不是更好嗎？」

經理想了想說：「那你先試試吧，小侯，我可是要見你的成績啊。」

「謝謝經理給我這次機會，我一定好好幹！」

於是，小侯成功地調到了公關部，而且工作成績還相當不錯。

當新人和老闆提要求時，怎樣的問話才能打動他的心？小侯是個聰明人，當他想調動部門的時候，沒有蠻橫的向老闆提出自己的要求，而是用慢條斯理的語言，用請求和商量的口吻對其說出自己的訴求。這樣的問話讓對方備受尊敬，也能讓他感受到對方的謙和和恭敬，更重要的是，這樣的話讓他覺得：對方是在和我商量一件事，而不是命令或要求什麼。有了這種心理，上司就更能夠接受下屬提出的建議。

當經理對小侯調換部門的想法提出質疑的時候，他說出自己有個朋友在媒體工作的事情，對公司工作有利。知道這樣的情況，老闆的內心就起了變化：最開始被詢問能否調動工作的時候是一副不情願的狀態，也不信任對方能夠幹好。當聽說對方的朋友在媒體，對公司日後的宣傳有利無弊後，就爽快地答應了對方的請求。

平時的工作中，如想向上層提意見或要求，還可以運用這樣的問話：

「老闆，我有個想法，能跟您報告一下嗎？」

「經理，有時間嗎？有件事想跟您商量一下可以嗎？」

以溫和的方式開頭，接下來的事情會好辦很多。試想一下，如果小侯沒有說出有朋友在媒體工作這一有利條件，縱使問的再迫切，老闆可能也無法答應他的要求。可見，向老闆詢問相關情況的時候，要知道對方需要什麼，適時的提供出來，才能打動他。

當然，這一過程中的態度非常重要。

真假朋友辨別術

對方是不是你的真朋友，可以從他跟你往來的過程中有沒有企圖心看出來。有些人在開始的時候對人忽冷忽熱，後來突然轉變。面對這種狀況，不能盲目欣喜，以為又獲得了一個摯友。你首先要明白，對方為什麼轉變。是他真的覺得你是可以繼續交往下去的人還是發現了你身上值得利用的資源。如果是前者倒也無妨。如果是後者，就要小心謹慎，此種人不能稱為真正的朋友。

小李到公司已經有一段時間了，大家關係都挺好的，唯獨想到阿龍的時候，小李心裡就犯起嘀咕：他跟我到底是真的好呢還是裝出來的？剛開始關係一般，為什麼後來又好了呢？難道是因為自己的叔叔在公司做主管？想了半天他也沒想明白。這天，他們倆又遇到了。

阿龍：「你好啊，小李，我們又見面了。」

小李：「是啊，挺好的。馬哥啊，有句話我不知道該說還是不該說？」

阿龍：「說吧，有什麼話不能說的。」

小李：「那我就說了，你可別怪我。你這個人其實挺好的，但為什麼我總覺得你對我忽冷忽熱，虛虛實實的呢？」

阿龍：「你這句話什麼意思？」

小李：「我的意思很明確，你為什麼不說真話呢？為什麼老讓人覺得你跟別人接觸總帶有某種目的性呢？你是在利用什麼嗎？」

聽了小李的這一連串問話，原本滿是笑容的阿龍，臉突然一下紅了起來，有些不安也有些尷尬。

阿龍：「小李，說話得負責任啊，我把你當朋友看，沒有什麼利用不利用的。」

小李：「真心朋友？果真如此的話當然好。我聽說你最近想調部門，你是不是也知道了我叔叔是公司主管，想利用一下，這才對我這麼熱情？」

阿龍：「哪有，哪有。」

小李突然加重了語氣：「你就是！不然為什麼我剛來的時候你對我愛答不理的，直到後來我叔叔在大家面前介紹我，你才殷切了很多，以為我看不出來嗎？想騙我？這樣的人是真朋友嗎？」

此時的阿龍已經無話可說，又不敢強硬反駁。只好強忍著尷尬，說了句「沒有的事」就快步走了。阿龍不是小李的真朋友，他只是想利用小李的叔叔，他把別人當工具，而不是情感交流的依託。最開始的小李是迷惑的，為了讓自己真正看透阿龍這個人，他就運用了故意激怒對方的問話法，專就不愉快的問題去詢問。可謂刀刀刺中要害。一般來說，如果一個人沒有做某事而偏偏被說起做了某事，他會表現出委屈的表情和內心感受。但是故事中的阿龍卻沒有這樣的表現，他有的只是狡辯和理虧。

當被人看穿心機，尤其這些心機是不光明正大的時候，他的心跳會加速，面部血液循環加快，一如阿龍的表情。由此，他的「狐狸尾巴」露了出來：做朋友是假，利用人是真。如果小李沒有運用故意提不快問題的方法刺激他，阿龍還可能一直裝下去，直到自己的事情辦成。

生活中，總有些人打著和你交朋友的幌子與你接近，實際是另有所圖。這樣的人或是薄情寡義的人，對人生最彌足珍貴的情感不甚重視，只在他需要的時候才向你靠近。或是勢利小人。此種人見利忘義，唯利是圖，當你有利用價值的時候，才會加強與你的聯繫。一旦失去價值，就會將你拋擲腦後。還有一種人是酒肉朋友。這種人常常與你在酒桌上相聚，表面上能兩肋插刀，仗義執言，實際只在你給他好處時，才出現在你面前。凡此種種，都是可能對你忽冷忽熱的人，遇到他們，可直接不留情面的對其問話。只有這樣，才能讓對方說出實話，你也才能看清對方。

問出借錢人的真實目的

有時候，同事之間借錢是件麻煩事，借還是不借，完全在於對方是什麼意圖，也在於你能否看清他的心。

阿德和小趙是一個公司的同事，只是不在同一部門，因為這一原因，兩人的關係並不十分緊密，但這一天，阿德卻向小趙借起了錢。

阿德：「哥們兒，有個事想麻煩你，不知行不行？」

小趙：「有什麼事就說吧，都是同事。」

阿德：「那好，我就說了。最近手頭有點緊，你看能不能借我點錢？」

小趙一聽是借錢，心裡就仔細盤算了一下。借錢不是不可以，但平時兩人並沒有太多往來，也不是非常熟。突然說借錢似乎有些不好，他要問問清楚。

小趙：「噢，這事啊。都是同事嘛，什麼事都好說。我記得你上個月是你們部門業績最好的，獎金和薪水都不少吧，怎麼突然缺錢了？」

阿德：「哪有多少啊，沒有多少。」

小趙：「那是家裡用錢？或者是有什麼急事？」

聽到小趙這樣的問話，阿德突然支支吾吾起來，只是說：「是有急事，是有急事。」但具體是什麼事並沒說出來。

小趙就覺得他借錢的目的可能不正，這時候，他突然想起自己曾聽人說，阿德這幾天一直在和網上認識的女網友接觸，每天都花銷不少，這次借錢可能就是因為這個原因。如果真是因為這個，小趙就不想借錢給他了。不過，他並沒有直說出來。

「嗯，有急事是得救急一下，不過有件事還沒跟你說。我最近認識了幾個網友，玩得挺好的，錢也是比較緊，你也知道，年輕人總是比較愛玩的，你說呢？」

「對啊，我最近就是這樣，也是認識了個網友，錢花得厲害啊。」

小趙一聽就明白了，他已決定不再借給他。

就在小趙想辦法如何將此話說出口的時候，電話響了。他馬上表現出電話那邊的人有急事找他的樣子。

「哎呀，真不巧，我有個朋友找我有急事，現在必須得過去。錢的事再往後延幾天？或者你再問問別人？實在是不巧啊。」

阿德一聽這話就連說沒事沒事，有些悻悻地走了。

阿德和小趙本不熟，阿德卻突然找小趙借起了錢，小趙問對方為什麼借錢，對方也不直說，這裡面就有問題了。一般來說，借錢的一方會將自己借錢的目的和用途說出來，打消對方的疑慮，才能成功的借到錢。但故事裡的阿德對自己為什麼借錢支支吾吾。為了搞清楚他為什麼借錢，小趙就繞著圈子探聽他的底細。

他先是試探性地問是家裡有事還是其他的事情，阿德就敷衍說是有急事。有急事卻不直說，說明這事要麼真的非常重要，要麼對方是有意隱瞞什麼。因為小趙聽說了阿德最近跟網友走得很近，猜想可能是這個原因。他就故意假說自己最近也交了幾個網友，玩得很凶，錢花的厲害，順勢就問出了阿德對自己這種行為的看法。沒想到對方果然中計，說出了借錢是因為跟網友在一起的實情。

阿德之所以在最開始不說出自己借錢的真實原因，就是怕對方知道自己因為網友的事借錢後遭到拒絕，所以他一直隱瞞。但沒想到對方透過拐彎抹角的方式套出了他的真實目的，錢就肯定借不出來了。

生活中，每個人都可能遇到借錢的事。為了借到錢，有些人就會將理由編造的千奇百怪：

一、「哥們兒，我的錢套在股票裡了，最近手頭有些緊，能不能借我一點？」

遇到這種借錢理由要非常小心，一是對方是不是真的因為股票的原因經濟拮据無法確認，再者，一次被套就有二次被套的可能。借出的錢有十足的把握回歸？

二、「哥們兒，我是幫朋友問的，你現在經濟寬裕嗎？」

假借他人之名借錢。如果真是朋友需要救濟，為什麼他不提供幫助，反而透過自己的關係向別人借呢？其中可能有不能直說的理由。

三、「我們是不是朋友？」

對方不直接說借錢的理由，而是詢問對方和自己的關係，意在故意堵別人嘴。這樣的人要尤其小心，借完錢後，他可能會用其他的藉口搪塞你。

當我們遇到朋友向自己借錢的事情時，切不可直接答應，而要耐下心來細細打探對方的真實目的。如果這位同事確是有燃眉之急，作為朋友，雪中送炭是應該的。如果此人不知自愛或者理財無方，就不把錢借給他。借與不借完全在於對方出於什麼目的，看透了他的心，很多事就會好辦許多。

拒絕裡的情感攻勢

聰明之人在拒絕別人時，總能讓人欣然接受還不傷感情。

辦公室主管、同事、下屬三種關係中，同事間說「不」的機會更多一些。處理好這個「不」字，關係到是否有一個良好的人際環境。一般說來，說「不」有一定的技巧，但要對平時一直都在一起的同事說「不」還真有點難。不過，有的時候，同事的強硬要求是因為其暫時的頭腦發熱，只要採取合理方法給他點出來，他還是願意接受的。

王子鳴、文傑同在一家公司做事，兩人關係密切，可說是死「黨」。文傑的女友也在這家公司，兩人拍拖一年多了，感情日增。

一天，文傑陰沉著臉對王子鳴說：「我們算不算好朋友？」

「是呀！你怎麼了？臉色這麼難看。」王子鳴感到不妙。

「主任不是人，我要殺了他，你幫不幫我？」

子鳴嚇了一跳，連忙追問到底怎麼一回事，原來文傑的女友被辦公室主任欺侮了，血氣方剛的文傑吞不下這口氣，但主任人高馬大，他怕一個對付不了，便前來找王子鳴幫忙。子鳴考慮到這時一口回絕他，兩人的關係就完了。但想到文傑是一時衝動，完全沒有考慮後果，子鳴便決定找個目標說服他。

「你愛你女朋友嗎？」子鳴試探著。

「當然愛啦！」文傑沒好氣地答道。

「真的？我不覺得，你並不愛她。」

「什麼？」文傑氣得快說不出話來。

「你根本不管她的痛苦。」

「不管她的痛苦我就不想殺人了。」文傑吼道。

「笑話，你以為你殺人是為她嗎？其實是為你，因為你覺得丟臉，你倒好，殺了人要麼被槍斃，要麼去坐牢，留下她一個人孤孤單單的，還被人欺侮。你說你這樣還是愛她嗎？」

文傑說不出一句來。

「這樣吧，」王子鳴趁熱打鐵，「到法院去告他，我一定全力幫你，法律一定會懲罰他的。」

文傑終於冷靜下來，聽從了子鳴的意見，用法律為自己討回了公道。

王子鳴巧妙地利用文傑深愛著女友，想為她報仇的心理，分析了他的行為可能產生的後果，使他明白求助法律是最好的辦法，因而放棄了自己莽撞的打算。

例子中的王子鳴和文傑就是這樣的。文傑因為自己的女朋友被主任欺負了，一氣之下就想讓王子鳴幫自己狠狠的教訓對方一頓，甚至想殺了他。

通常情況下，人遇到類似這樣的情況總是怒火難消，衝動使人喪失理智，此時的文傑就是不理智的。他總想著要報復辦公室主任，這樣才能替女朋友挽回損失。他沒想到的是，這樣做的後果是什麼：自己成為殺人犯，被判刑，女朋友成了孤身一人，還有可能被人欺負。

正是看透了這一點，王子鳴在面對怒氣衝衝的文傑的時候才沒有跟他一起喪失理性，而是反問他愛不愛自己的女朋友。對於這個問題文傑很詫異，他的內心中有這樣的獨白：我這麼做就是為了我的女朋友，要不然我為什麼生這麼大的氣？

這種心理正反映出他思維的不清醒，他已經被怒火沖昏了頭腦，考慮不到後果的嚴重性。為了讓文傑認識到這一點，王子鳴才說出他想殺人只是為了洩憤，為了挽回面子，並質問他，有這樣的思維，是愛自己還是愛女朋友？這樣的話讓文傑一時語塞，他也意識到了自己的錯誤。

其實，文傑的反應可以理解，任何男人遇到這樣的事都會震怒。此時的人，思維已經不受理智控制，最珍愛的另一半受到傷害怎能保持冷靜？正是因為不再冷靜，當事者才短暫性的喪失思考能力，就容易做出蠢事。

當處於這種狀態的人讓你替他辦事，切不可像他一樣進入喪失理智的思維困境。你需要做的只是暫時性充當對方的大腦，替他思考，向他提出被忽略的問題。等對方冷靜之後，他就會用正常的思維思考事情，問題也會漸漸得到解決。

Chapter 9

洞悉對手弱點的攻心心理學

洞悉對手的心理方能成其事

所謂的謀略其實質還是一個「詐」字，懂得「偽詐」之術的人才能視敵軍為無物，頃刻間讓敵人土崩瓦解，這是一種戰爭藝術，也是做事交際的「心計」的一種表現。只有突破了對手的心理防線，洞悉對手內心的想法，才能制勝。

成都武侯祠有副對聯，上聯是：「能攻心則反側自消，自古知兵非好戰」。下聯是：「不審時即寬嚴皆誤，後來治蜀要深思」。橫批是：「攻心為上，攻城為下」。這副對聯充分說明了心理因素對事業成敗的重要作用，洞察別人內心的想法，抓住人的弱點，這就是你的優勢。

唐玄宗靠政變上臺，他先後誅滅韋黨和太平公主，所以當上皇帝後也很不安心。宰相姚崇一日和玄宗閒談，說起內患之事，姚崇歎息說：「我朝屢有內部變亂，實由人心散亂、不懼皇威所致。陛下若不整治人心，使人不敢心起妄念，朝廷就難保久安啊。」

玄宗頷首說：「內亂重生，致使大唐危機重重，朕定要設法根絕。依你之見，朕該有何動作？」

姚崇進言說：「防患於未然，必早作預見，懲人於未動之時。即使小題大做，也要造成震懾他人的效果，促人不起異念，自斂謹慎。這就需要陛下割捨情感，痛下重手了。」玄宗示意已知，微微一笑。

不久，玄宗在驪山閱兵式上，以軍容不整為由，判功臣兵部尚書郭元振死罪。大臣紛紛進諫說：「郭元振乃當世名將，更在誅滅太平公主過程中功不可沒。如此功臣今犯小過，陛下不念舊情就治他死罪，有損陛下賢德之名。」

玄宗厲聲痛斥進諫之人說：「有功必賞，有罪必懲，此乃治國之道，爾等竟替罪臣求情責朕，莫非爾等要造反不成？」

玄宗這般嚴責，嚇得群臣再不敢說話。最後，玄宗雖免郭元振一死，卻還是把他流放新州。

一次，同為朝廷功臣的鐘紹京在面見玄宗時，無故竟被玄宗訓斥說：「你為身朝廷戶部尚書，議事之時卻不發一言，可是失職？難道你不顧朝廷安危，要明哲保身嗎？」

鐘紹京臉色慘變，直呼有罪。事後，姚崇有些不忍，他對玄宗說：「陛下的目的已然達到。鐘紹京無端被責，臣以為過於唐突，似可不必。」

玄宗說：「朕依你之法，方有此舉，你不該出言反對吧？」

姚崇又欲啟齒，玄宗卻擺手阻止了他：「不過朕也想過，這些功臣都幾經政變，實為政變的行家裡手，如不把他們懾服，誰保他們日後不變心呢？朕折辱他們，也是讓群臣心悸，只思自保。」

玄宗把鐘紹京降為太子詹事，後貶為綿州刺史。後來，功臣王琚、魏知古、崔日用一一被貶，朝中再無人敢以功臣自居。群臣整日戰戰兢兢，玄宗這才罷手。

做任何事一定要記住這個道理：上兵伐謀，先亂其心智，後攻其不備，定能大勝。正所謂「兵戰為下，心戰為上」，在與對手較量時從對方的心理上突破，成功的機率是最大的。

巧用離間做漁翁，讓對手鷸蚌相爭

有時候，我們會遇到很強的對手，甚至不止一個。這種情況下，如果選擇硬拼，無非是在以卵擊石。可是，我們又不能坐以待斃，這就需要在戰略上懂點心眼了——使用離間計就是一種策略。

諸多事實證明，如果對手很強大或很多的時候，離間計可以讓對手內部或不同對手之間相互猜忌、相互打鬥，而自己，則可袖手旁觀，坐收漁翁之利。下面，我們就一起來看看中國歷史上著名的「離間計」案例：

楚漢戰爭時，項羽與劉邦之間爭鬥不息。項羽「力能扛鼎，才氣過人」，在戰爭初期以西楚霸王的名義號令諸侯，兵多將廣，更兼善戰，處於優勢地位。劉邦「仁而愛人，喜施，意豁如也」，雖勇不及項羽，地不如楚多，但他能採納部下建議，分化項羽同盟，故常能敗而復振，逐漸化劣勢為優勢。

西元前二〇五年，劉邦趁項羽東征田齊之時，率兵五十六萬伐楚，一舉攻克楚都彭城（今江蘇徐州市）。項羽得知，親率精兵三萬回援，連續作戰，收復彭城，驅趕漢軍，竟連連斬獲漢軍二十萬。劉邦慌忙逃竄，在途中竟將子女推下戰車，老父也被項羽俘虜。劉邦逃至滎陽，所幸靠蕭何來方才穩住陣腳。

劉邦一面用陳平的離間計來離間項羽唯一的謀士范增，一面聽從張良的計謀，趁項羽同盟九江王英布、魏相國彭越與項羽「有隙」之時，利誘彭越，使他在楚後方絕楚糧道；派使者隨何前去九江遊說英布。

英布此時與項羽雖有矛盾，但畏懼項羽強橫，還不敢與項羽為敵。隨何憑三寸不爛之舌，說得英布心動，但英布仍然狐疑不定。於是，隨何借楚使者前來九江催英布發兵之時，公開英布與漢有謀的事實，迫使英布最終下定反楚的決心。這樣，項羽分兵去攻打英布，減輕劉邦的壓力；英布兵敗來投劉邦，也只能死心塌地助漢攻楚。劉邦不斷地削弱項羽的同盟，擴大自己的同盟，這是成功地應用借刀殺人之計的擾其同盟，借對手狐疑而削弱對方的手法。

面對強勁的對手不必慌張，運用離間的藝術，讓對手親者痛、仇者快，互相猜忌提防，甚至互相攻擊，互相消耗力量，不僅是極高的智慧，也是最省時省力的取勝手段。

適度無中生有，必要時也得使詐

做人要講誠信，這是做人的一個基本原則，每個人都應該遵守，但是這種講誠信也得分時間、場合和人，一味的「以德服人」到頭來碰得頭破血流的肯定是自己，無中生中，必要時也得詐一詐，這是做人有「心機」的一種表現。

三國時諸葛亮入東吳商量孫劉聯合抗曹，後來的赤壁之戰的勝利便是這次會談的結果，要想說服東吳抗曹，首先必須要說服東吳的實權派人物周瑜。但是周瑜抗曹的決心未定。諸葛亮認為此時如果不另闢蹊徑，只是說理肯定不會奏效。於是，他巧用周瑜執意求和的「機緣」，無中生有的編出一段故事，來激怒周瑜。

諸葛亮說道：「我有一條妙計，只需差一名特使，駕一葉扁舟，送兩個人過江，曹操得到那兩個人，百萬大軍必然卷旗而撤。」

周瑜急問是哪兩個人。

諸葛亮說道：「曹操本是一名好色之徒，目前曹操雖然領兵百萬，直逼江南，其實就是為喬家的兩位千金小姐而來的。將軍何不找到喬公，花上千兩黃金買到那兩個女子，差人送給曹操？江東失去這兩個人，就像大樹飄落一兩片黃葉，如同大海減少一兩滴水珠，絲毫無損大局；而曹操得到兩人必然心滿意足，歡歡喜喜班師回朝。」

周瑜說道：「曹操想得二喬，有什麼證據可說明這一點？」

諸葛亮答道：「有詩為證。」

周瑜問：「那篇賦是怎麼寫的，你可記得？」

諸葛亮說道：「因為我十分喜愛賦中文筆華麗，曾偷偷地背熟了。」

周瑜請諸葛亮背誦。賦略云：「從明後以嬉遊兮，登層臺以娛情……臨漳水之長流兮，望園果之滋榮。立雙臺開左右兮，有玉龍與金鳳。攬『二喬』於東南兮，樂朝夕之與共……」

周瑜聽罷，勃然大怒，霍地站立起來指著北方大罵道：「曹操老賊欺我太甚！」

諸葛亮表面上是急忙阻止，其實是火上澆油，說道：「都督忘了，古時候單于多次侵犯邊境，漢天子許配公主和親，你又何必珍惜民間的那兩個女子呢？」

周瑜說道：「你有所不知，大喬是孫策將軍夫人，小喬就是我的愛妻！」

諸葛亮佯作失言請罪道：「真沒想到這回事，我真是胡說八道了，該死該死！」

周瑜怒道：「我與曹操老賊勢不兩立！」

諸葛亮卻故作姿態地勸道：「請都督不可意氣用事，望三思而後行，世上絕無賣後悔藥的！」

周瑜說道：「承蒙伯符重托，豈有屈服曹操之理？我早有北伐之心，就是刀架在脖子上，也不會變卦的。勞駕先生助我一臂之力，同心合力共破曹操。」於是孫、劉結成抗曹聯盟得到鞏固，贏得了赤壁之戰的重大勝利。

諸葛亮的一番「移花接木」，「牽強附會」之說何以成功，這裡主要是基於以下二點：第一，「喬」姓古時本就寫作「橋」，後來才改作「喬」的，把原賦中兩條橋的簡稱「二橋」，曲解為大喬和小喬和簡稱「二喬」，是十分容易收到諸葛亮有意的「牽強」、周瑜無意中「附會」的效果的；第二，諸葛亮十分瞭解人對愛情的極端自私性，奪妻之恨往往勝於滅國之恥，況且周瑜本來就是個量小的將軍。諸葛亮看準機會，編造這一段無中生有的謊言刺激周瑜，果然產生了巨大的效果。

一代「智聖」諸葛亮尚且使用一些小小的「欺詐」手腕來達到自己的目的，何況是我們一般的人呢？所以做人不能拘泥於道德禮數之中的條條框框，必要時也得詐一詐，只是這種「詐」術不能超出道德和倫理的底線，做人要有「心機」，懂得適度「無中生有」便是其中重要的一點。

上屋抽梯，不給敵人留下後路

《孫子兵法》中講：「假之以便，唆之使前，斷其援應，陷之死地。遇毒，位不當也。」意思是：借給敵人一些方便，以誘導敵人深入我方，乘機切斷他的後援和前應，最終會置他於死地。這便是上屋抽梯之法。

戰國時期，天下群雄並立，諸侯爭霸。在中原的鬼谷，有一個上知天文下曉地理，又懂兵法戰陣的奇人——鬼谷子。鬼谷子手下有兩個得意弟子，一個是孫臏，另一個是龐涓。龐涓應魏國之邀，出山當了魏國的元帥，助魏王一臂之力爭霸天下。當他們一同率軍進攻楚國時，在方城與楚國軍隊一直相持不下，情況對魏國十分不利。

龐涓只好派謀士公孫閱請老師鬼谷子為其出一良策，鬼谷子將此事推於孫臏。孫臏便引用《孫子兵法》，向公孫閱獻「上屋抽梯」之計：先引誘城內楚軍出擊，然後截斷後路，消滅了楚軍。龐涓用了此計，楚國果然大敗並割城賠地……

上面這個故事是一個典型的「上屋抽梯」實例，其制勝的關鍵點就在成功地運用了先「甜」後「苦」的心理戰術，誘使敵人進入自己控制的局域，然後封鎖撤退路線，使敵人陷入不利局面，一舉殲滅。梯子是預先設計好的圈套，為了方便敵方「上屋」而精心準備的通道，一旦敵人「上屋」，立即撤走梯子，斷其後路，關門捉賊，使之陷入我方控制範圍內。

在處理債務關係時運用此計能取得意想不到的效果，我們常常遇到債務人因為各種原因拖欠債權人的債遲遲不還，借錢的以各種理由拖欠還款，給錢的打官司嗎？實在有礙情面和以後合作，所以只能暗暗叫苦，後悔借給個沒信用的人。此時運用「上屋抽梯」，債權人中斷同債務人的經濟往來，斷其財源，調取證據，卡住他的脖子，迫使債務人投誠於你，自覺償還債務。

當然，運用此計時，一定要注意法律界限的約束。否則，即使是出於維護自身權益，不當的行為也會給自己帶來難以估量的損失。

會「抽梯」還要防止別人「抽」自己的「梯子」。面對誘惑，千萬不要輕易邁出步子，可能陷阱就在你腳下，不要貪圖小便宜而讓自己吃大虧，不要只念登高卻忘了退路。

轉嫁恐懼，巧妙脫身

每個人都有自身的不足，面對強悍的對手，我們必須善於觀察對方的弱點。成功的不一定是那些有實力的強者，抓住對手的弱點，重點攻擊，就可能會收到意想不到的功效。。

夏天，赤日炎炎。一隻蟬躲在樹枝上不停地鳴叫著：熱死了，熱死了……

螳螂輕輕移動腳步，悄悄向蟬逼近，蟬卻一點也沒有發覺。螳螂見蟬就在眼前，迅速用帶刺的臂膀「嚓」一下把蟬緊緊鉗住了。

黃雀早就注意到了螳螂在捕蟬，一直緊跟在螳螂的後面。黃雀見螳螂抓住了蟬，十分高興，用牠的腳爪壓著螳螂和蟬，得意地對螳螂說：「你只想得到眼前利益而不顧後患，沒有料到我早就在你的身後吧。難道你沒有聽說過『螳螂捕蟬，黃雀在後』這個成語？」

螳螂回頭看了黃雀一眼，冷靜地說：「我不僅知道這個成語，還知道這個成語後面的還有一句話，你知道嗎？」

黃雀想，這隻螳螂死到臨頭還很幽默，我倒要聽牠說些什麼，反正牠逃不了。黃雀問道：「快說，成語後面的那一句話是怎麼說的？」

螳螂不疾不徐地說：「好吧，我就告訴你，這叫『黃雀抓螳螂，花蛇在後面』。你回頭看看，你身後有一條張開大嘴巴的大花蛇正盯著你呢！」

黃雀最怕的就是蛇，聽螳螂說牠身後有一條大花蛇，嚇得尖叫一聲，唰一下飛了起來。螳螂等黃雀的腳爪一鬆，抓著蟬敏捷地鑽進了樹洞。

黃雀定神細細一看，樹上根本就沒有什麼大花蛇，螳螂也不知去向，知道自己中了螳螂的脫身之計，十分懊惱。

螳螂把自己脫險經過告訴了他的夥伴們，大家聽後都說牠了不起。螳螂平靜地說：「這算不了什麼，我只是吸取了螳螂家族在黃雀面前束手就擒的慘痛教訓而已。我覺得，只要有了勇氣和智慧，就可戰勝強敵！」

人生是不可預知的，得意忘形的時候，往往潛伏著危機；山重水複的時候，柳暗花明也許就在下一個轉彎。不可預知的人生充滿了挑戰，這其中可能危險重重，面對突如其來的轉折，我們可能沒有準備，於是，很多人會不知所措，甚至感到絕望。這時候，冷靜地觀察你所面對的情境是十分重要的，任何事物不是完美的，都能夠找到目標，看似強大的敵人，其心理可能無比的脆弱。一物降一物，充分地運用自己的勇氣和智慧，找到對手的弱點，才能夠逢凶化吉，遇難成祥。

螳螂在捕蟬的時候，沒有注意到身後的黃雀，陷入了瀕臨死亡的絕境，但是牠沒有慌亂，而是利用「螳螂捕蟬，黃雀在後」的成語，衍生出了「黃雀抓螳螂，花蛇在後面」的典故，用黃雀的天敵——花蛇來擾亂黃雀的心緒，把自己的恐懼變成了黃雀的恐懼，因此成功地幫助自己脫險。遇到困難的時候，不能將希望寄託於別人，必須自己救自己，只要有勇氣和智慧，就能夠戰勝強敵。

打蛇七寸，讓對手不得不從

抓刀要抓刀柄，拿人要拿把柄。以人的弱點或劣跡相脅，人豈有不從之理？

漢代的朱博因善於巧妙用惡人為之效力而為人稱道。比如，在長陵一帶，有個名叫尚方禁的人，曾強姦別人的妻子，被人用刀砍傷了面頰。如此惡棍，本應重重懲治，只因他大大地賄賂了官府的功曹，而沒有被革職查辦，最後還被調升為守尉。

朱博上任後，有人向他告發了此事。朱博傳見尚方禁。尚方禁心中忐忑不安，硬著頭皮來見朱博。朱博仔細看尚方禁的臉，果然發現有疤痕，就讓左右退下，假裝十分關心地詢問究竟。

尚方禁做賊心虛，知道朱博已經瞭解了他的情況，就像小雞啄米似的接連給朱博叩頭，如實地講了事情的經過。他頭也不敢抬，只是一個勁地哀求道：「請大人恕罪，小人今後再也不幹那種傷天害理的事了。」

「哈哈哈……」朱博突然大笑道，「男子漢大丈夫，難免會發生這種事情的。本官想為你雪恥，給你個立功的機會，你願意嗎？」

尚方禁自然極為願意，於是，朱博命令尚方禁不得向任何人洩露當天的談話情況，要他有機會就記錄一些其他官員的言論，及時向朱博報告。尚方禁儼然成了朱博的親信、耳目。

自從被朱博寬釋重用之後，尚方禁對朱博的大恩大德時刻銘記在心，所以，做起事來特別賣命，工作十分見成效，使地方治安大為改觀。朱博遂提升他為連守縣縣令。又過了相當長一段時期，朱博突然召見那個當年收受尚方禁賄賂的功曹，對他進行了嚴厲訓斥，並拿出紙和筆，要他把自己受賄的事通通寫下來，不能有絲毫隱瞞。

那位功曹早已嚇得屁滾尿流，只好提起筆，寫下自己的斑斑劣跡。

由於朱博早已從尚方禁那裡知道了這位功曹貪污受賄的事，所以，看了功曹寫的交代資料，覺得大致不差，就對他說：「你先回去好好反省反省，聽候裁決。從今往後，一定要改過自新，不許再胡作非為！」說完就拔出刀來。

那功曹一見朱博拔刀，嚇得兩腿一軟，又是打躬又是作揖，嘴裡不住地喊：「大人饒命！大人饒命！」

只見朱博將刀晃了一下，一把抓起那位功曹寫下的罪狀材料，三兩下將其削成紙屑，扔到紙簍裡去了。此後，那位功曹終日如履薄冰、戰戰兢兢，工作起來盡心盡責，不敢有絲毫懈怠。

握住他人把柄，就像捏住了蛇的七寸，使對方不得不服從。但是在「握」的過程中一定要掌握好「分寸」，若對方狗急跳牆，事情就不妙了。這也從反面提醒我們：生活中不可隨意流露自己的隱私，以防別有用心之人抓住自己的把柄，陷自己於被動。

掌握對手掩飾所在，能看清對方弱點

仔細觀察對方無意識的舉動，找到他的遺忘對象並且加以分析，你就可以發現對方的弱點以及沒有由頭的自憂自惱的根源；而這些往往是對方自己也不曾意識到的。掌握到這些弱點，就等於掌握了打擊對手的最佳武器。

有這樣一個小故事：

有一個人生活得非常不快樂，總被無休止的憂慮所困擾，因此，他時常去寺廟裡拜佛。去的次數多了，他發現廟裡的住持大師似乎無論什麼時候都是無憂無慮的。於是，他就向大師請教讓自己無憂無慮的方法。

大師說：「我之所以能夠無憂無慮，是因為我是一個善於忘記的人。」

試問，那個人為什麼會有那麼多的憂慮呢？當然是為自己的缺陷不足所擔憂，害怕自己的弱點給自己帶來可怕的後果。人會記得什麼、忘記什麼，這都與其自身的心理有密不可分的聯繫。

為了探究是什麼決定了人的忘卻和記憶，美國心理學家洛征拜克做了一個這樣的實驗：

他讓一批人解答題目。整個解答題目的過程被設計得像進行智力比賽一樣，打「開始」鈴就開始，按「結束」鈴就結束，在過程中，受測者會產生壓抑、緊張等不愉快的感覺。

解答題目結束後，洛征拜克對受測者們對題目的記憶程度進行了調查，並且結合他們對題目的回答情況加以分析。結果，他發現受測者記得的題目多是那些自己成功解答出來的，並且記得十分真切；而那些自己沒有解答出來的題目大都忘掉了。

顯然，對於那些自己解答出來的題目，受測者有一種成功的滿足感，這讓他們感到愉悅；而對那些自己沒有做出來的題目，則會產生一種挫敗感，這讓他們感到不快。事後，出於一種本能，他們選擇記住了自己的成功，而忘卻了自己的失敗。

的確，對於那些讓自己不快或者不順利的事情，每個人都有一種想儘快將它從記憶中刪除的潛在欲望。精神分析學將人的這種心理現象稱為「自我干擾欲望」，是人類心理自我保護的一種方式。

人的記憶中存在許多「曖昧」的地方，在常常產生遺忘現象的部分往往有形無形地隱藏了人的許多弱點。有人說過，「曖昧是為了忘卻，忘卻是為了掩飾」，你剛好可以利用這一點來探知對方的弱點。

如果你留意觀察，那麼你一定會發現，那些前額頭髮稀少的人，一方面往往會習慣性地用手掌去撫前額；另一方面他又常常忘記拿帽子。這似乎有些相互矛盾，不過仔細分析一下他的忘物癖跟他的習慣性動作之間的關聯，你就會瞭解，他經常用手摸前額，是一種無意識地遮掩自己禿頂這一身體缺陷的舉動，而忘了拿帽子則是出於一種時時刻刻都想忘記自己缺點的心理欲求。

事實上，生活中此類現象比比皆是。比如：皮膚越是不好的人越容易忘記日常護理；暈車的人時常忘記備用暈車藥……人所逃避、遮掩、企圖儘快忘記的，往往正是其弱點和缺陷所在。

Chapter 10

送禮送到心坎上的送禮心理學

先權衡利益，再去送禮

一般社交場合，送的禮品要以小、少、輕為宜。少，就是不求數量多，要求少而精；小，指體積不宜太大，小巧玲瓏，易送易存最好；輕，則指價格適中，不求昂貴。總的原則是禮品要有精神價值和紀念意義。

交際應酬場上，從「禮尚往來」這一層面上講，送禮也是有很多講究的。首先，「送多少」是一個籠統的概念，從禮物的數量多少、體積大小以及價格的高低來說，送禮是有講究的。

一位在大學任教的醫生到偏遠的小城去行醫，他醫好了一個窮苦的山民，沒有收他一文錢。

山民回家，砍了一捆柴，走了三天的路才到城裡，把一大捆柴送給醫生。他不知道在城市裡生活，幾乎沒有燒柴這個概念，他的禮物和他的辛苦讓人覺得不合時宜。

但醫生十分感動地收下了山民的禮物。後來，他向人講述這個故事時總是說：「在我的行醫生涯中，從來沒有收過這樣貴重的禮物。」

一大捆荒山中枯去的老枝，本沒有價格上的優勢，但由於感謝的至誠，使它成為醫生記憶中珍貴的禮物。

我們通常出於面子的需要，覺得價格低的東西拿不出手，要送，就得送多些，送得貨真價實。錢雖然花了不少，但效果未必好。特別是第一次見面，你一下子送了那麼多禮物，人家還認為你有什麼不可告人的目的呢！誰還敢收？如果主人不肯收，你的處境就尷尬了，拿走不好，不拿走也不好。於是你推我讓，最後，難下臺的還是你。

就算主人收下禮物，心裡也不一定愉快，所謂「禮尚往來」來而不往，非禮也。你這一次送我這麼多禮品，下一次可夠我還的。你自認為是好意，人家的心裡卻有了壓力。

禮物不在多，送禮不怕少，只要精緻美觀，富有創意，送出去就會受到歡迎。因此，當你送禮時，一定要分清輕重，權衡利益後再送，所送的禮品應與你的經濟實力相一致。

事有大小之分，禮有薄厚之別

禮物的厚薄是相對的，在不同的地區，或送給不同的對象，有時薄禮也會成為厚禮，有時厚禮也會失去意義。

當你求人辦事需要挑選禮品的時候，一定經常會為送多少價值的禮物而感到煩惱。很多人總是認為禮物太少，拿不出手，或儘量多送，或送貴的。價格高的禮物當然能表達送禮者特別的感情，而價格低的禮物也適合在相宜的場合送出。

正因為贈送厚禮能表達自己的強烈感情，能給受禮者留下深刻的印象，所以，在許多場合中，人們都會選送價格不菲的禮物，希望自己給對方留下好的印象。特別是有要事相求時，厚禮更是如魚得水，發揮出它獨到的優勢。

厚禮不一定是稀有的，但稀有的物品送給某些特定的對象時，則無疑是一份厚禮。厚禮有時也可能是無價的，一些代代相傳的祖傳物品，以及費盡心機才得到的收藏品，在用來送人的時候，都是不折不扣的厚禮。

與厚禮相對應的便是一般的禮品，也就是薄禮。薄禮的價格當然不會很昂貴，一顆小小的紅豆，一張輕薄的賀卡，甚至不經意間一個善意的微笑，都是很微薄的禮物。

薄禮經過情意的渲染，經過刻意的設計，也能增益其價值。因為這份特殊的禮品，對於送受兩方而言，具有其他人瞭解不到的特殊意義。因此，禮品不論是厚是薄，其實都是用來表達自己的心意，禮物再豐厚，厚不過你的那份感情；禮物再微薄，它總能表達你深厚的情感。從這個意義上說，禮物是否厚重並不是主要的，關鍵是你送得是否適當。

在大都市裡很普通的東西，到了貧困的邊遠地區就很貴重了。未通電的深山裡，你送一臺電視，反而抵不上送去一箱食品。而對於一個農村小女孩來說，一堆並不貴重的化妝品，可能是她夢寐以求的禮物，在她的心目中，她當然認為那便是厚禮了。送給嗜茶者的厚禮，恐怕一盒名茶即可。所以在求人辦事時，你可以根據所求之事的分量，送適當的禮品，不必一味追求厚禮。

送小禮也能辦成事

雖然說送禮是求人辦事中常用的手段，其中禮品也是多得數不勝數，但是如果我們能送對方急需的東西，那效果可能非同一般了。

清代鉅賈胡雪巖很善於經商，也善於經營自己的關係網，他送禮的高妙之處在於他善於抓住不同人的特點，送別人所急需之物。

在胡雪巖的那個時代，要求人辦事，肯定離不開銀子。胡雪巖深諳此道，自然也從不吝惜銀子，甚至到了有「求」必應的地步。比如時任浙江藩司的麟桂調署江甯藩司，臨走時在浙江虧空的兩萬多兩銀子需要填補，又一時籌不到這筆款項，便找到胡雪巖請他幫助代墊，胡雪巖二話沒說便爽快地應承下來，以致麟桂派去和胡雪巖相商的親信也「激動」不已，稱胡雪巖實在是「有肝膽」、「夠朋友」，要他一定不要客氣，趁麟桂此時還沒有卸任，有什麼要求儘管提出來，反正惠而不費，他一定肯幫忙。胡雪巖做的卻也實在「漂亮」，他沒有提出任何索取回報的具體要求，只是希望麟桂到任之後，有江寧方面與浙江方面的公款往來，能夠指定由他的阜康票號代理。這一點點要求，對於掌管一方財政的藩司來說，自然是不費吹灰之力。事實證明，胡雪巖的投資是有眼光的，最終得到了意想不到的收益。

後來，胡雪巖為了取得左宗棠的信任，做了兩件事：

第一，獻米獻錢；第二，主動承擔籌餉重擔。左宗棠幾十萬兵馬東征鎮壓太平軍，每月需要的餉銀達二十五萬之巨，當時朝廷財政支出，用兵打仗採取的是「協餉」的辦法，也就是由各省拿出錢來做軍隊糧餉之用，實際上是各支部隊自己想辦法籌餉。胡雪巖聽到左宗棠談起籌餉的事，毫不猶豫就表示自己願意為此盡一分心力，而且當即就為籌集軍餉想出了幾條很行之有效的辦法。

當時，左宗棠急於求事功，胡雪巖正好給他送去了能使他成就事功所必需的東西，一送之下，也就送出了意想不到的效果。後來，正是因為有了左宗棠這個大靠山，胡雪巖不僅生意飛黃騰達，而且得到了朝廷特賜的紅帽子，成冠絕天下的「紅頂商人」。用胡雪巖自己的話來講：「送禮總要送人家求之不得的東西。」確實，任何東西，無論價值大小，都會因為被需要而變得更重要。

下次再送禮求人的時候，你不妨想想「對方究竟需要什麼」，然後再著手禮物。比如，你可以送能夠解決別人難題的禮物，能夠解別人燃眉之急的禮物，都可以讓對方因此而感動。

好禮配好話，送到對方心坎裡

送禮時特別要講究語言的表達，平和友善、落落大方的動作伴著得體的語言表達，才能使受禮方樂於接受禮物。那種做賊似的悄悄將禮品置於桌下或房間某個角落，不僅達不到饋贈的目的，甚至會適得其反。

一般來說，在呈上禮物時，送禮者應站著，雙手把禮品遞送到受禮人手中，並說上一句得體的話。送禮時的寒暄一般應與送禮的目的吻合，如送生日禮物時，說一句「祝您生日快樂」，送結婚禮物時說一句「祝兩位百年好合」等，拜年送禮時可說一句「新年快樂」。

送禮時，有人喜歡強調自己禮品的微薄，如「區區薄禮，不成敬意，請笑納」、「這是我們的一點小心意，請收下」。其實，這種時候你完全可以說出自己在禮品上所花的心思，以表示自己的誠意，如「這是我特意為您挑選的」。

一般而言，送禮時運用謙和得體的語言，會營造一種祥和的氣氛，無形中增加相互間的友誼。但過分的謙虛最好避免，如「微薄」、「不成敬意」或「很對不起」等，這可能會引起對方的輕視。

當然，如果在贈送時以一種近乎驕傲的口吻說：「這可是很貴重的東西！」也不合適。在對所贈送的禮品進行介紹時，應該強調自己對受贈一方所懷有的好感與情義，而不是強調禮品的實際價值。否則，就落至了重禮輕義的地步，甚至會讓對方覺得你是在炫耀，這樣，好端端的情意禮品，反被你的一番話給糟蹋了，那豈不冤枉？

有些人到對方家中拜訪直到要離開時，才想起該送的禮品，在門口拿出禮品時，受禮人卻因為謙遜、客套而不肯接受，此時在門口推推扯扯，頗為狼狽。

避免這種情況的辦法是：進到大門，寒暄幾句就奉上禮品，這樣就不會出現因為對方客套而不收禮的尷尬情形。如果錯過了在門口送禮的時機，不妨等坐定後，在受禮人倒茶的時候送。此時，不僅不會打斷原來談話的興頭，反而還可增加一些話題。

拒絕收禮通常是不被允許的，除非所送禮物違反了禮貌的規定。出現這種情況時，受禮者應當委婉而又堅決地拒絕收禮，如果送禮者不知道自己錯在哪裡，應當向他暗示一下禮物不妥的原因。

這時，饋贈者不要太勉強，也不要動怒，更不要隨口說一些不恰當的話，惡化雙方的關係。正確的做法是，送禮者稍作解釋或表示歉意後，把禮品帶走。然後，分析一下受禮者拒收的原因，之後再採取相應的行動，不失為一種良策。正視拒收、處理得當，照樣可以建立起良好的人際關係。

所以，在求人辦事時，一定要選擇恰當的語言送出你的禮物，不恰當的語言不僅於「事」無補，還會影響彼此的關係。

留下禮物，但別留下痕跡

很多時候，求人辦事都是會讓人感覺很為難的。不是怕張不開口求人，就是怕被對方拒絕。可是求人辦事總得表示一下，否則沒人會幫忙。最好的辦法就是先混個基本熟度，不著痕跡地送禮。

某五金機電公司，是一家私人公司，行銷中國各地的機電產品。一九九八年，西北地方嚴重乾旱，小型電機水泵一下成為千家萬戶的搶手貨。這家機電公司庫存一百多臺，一日內被搶光，而且有很多人到這裡訂貨。總經理張某抓住這一商業機會，準備大批採購農用水泵。

張某與兩名助手，連夜乘火車趕往遼寧，與當地一家水泵廠簽訂了兩千臺水泵合約。但是該水泵廠方面說，資金不到位，不予發貨。張某只帶了三百臺水泵的轉帳支票，一再央求對方最好能先發貨，自己公司一邊銷貨，一邊返還貨款。可是由於不是關係單位，水泵廠怕討債困難，所以不答應。張某陷入了困境。

後來，在一次吃飯的時候，張某聽水泵廠銷售部的一位經理說，自己總經理是個

「麻將迷」，只要有陪手，玩個通宵也沒問題。張某馬上附和說道，「本人也是個『麻將迷』，來這兩天真憋死了，能不能捎個話，今晚打幾圈？」

果然在晚上，對方總經理在會議室擺上麻將桌，邀張某及助手前去過幾招。張與副手同時上陣，但手氣太背，兩人輪番放槍，總經理贏得不亦樂乎，越玩越精神。黎明四點鐘，張提出來日再戰，別影響總經理白天上班，就與副手退回招待所休息。

第二天晚上，總經理再次邀兩人前去一分高下。兩人一如前日，輸得一塌糊塗。三場牌局，張某與副手輸掉一萬多元。之後，張請總經理吃飯。看在牌友的份上，總經理高興而來。酒杯換盞間，張某向總經理提出自己的要求。

總經理猶豫片刻說，「這樣吧，先交三百臺水泵的貨款，第一批先發一千臺，然後看銷售情況再定，怎麼樣？」

終於搞定了。又過一天，張某押著兩輛重卡，帶著一千臺水泵回去了。不到兩月，張某再次運回一千臺水泵。這樣，如數實現了自己的銷售計畫。

有時候求人辦事，如果直來直去地向對方提出請求，或直接向對方送禮請求幫助，對方是很難接受的。如果用變相的方式或間接的手段，向對方表示一下，彼此心照不宣，在一種默契中，就能將事情辦成。

要送好禮，莫碰對方禁忌

送禮有許多禁忌——個人的、傳統的、民族的、宗教的、文化上的。有時候辛辛苦苦選擇的一份禮物卻因為觸犯了某些禁忌，而讓對方不悅甚至生氣。因此送禮時，一定不要觸犯對方禁忌。

正常送些禮品是為了增加工作和感情方面的聯繫，但一定要同違法的行賄嚴格區分。送禮有時候也會送出麻煩，所以送禮前應瞭解受禮人的身分、愛好、民族習慣，免得送禮送出問題。有個人去醫院看望病人，帶去了一袋蘋果以示慰問，哪知引出了麻煩。那位病人是上海人，上海話中「蘋果」跟「病故」二字發音相近。送去蘋果豈不是咒人家病故？由於送禮人不瞭解情況，弄得不歡而散。

一、忌不考慮風俗禁忌

送禮前要對受禮人的身分、愛好、禁忌等有所瞭解，以免禮不得當，使雙方感到尷尬。例如，對方結婚，忌送「鐘」。因為「鐘」與「終」諧音，「送終」是很不吉利的。此外，要尊重對方的民族習慣，如牛是印度教的聖物，你要送對方牛肉乾會讓他憤怒不已。鑒於此，送禮時一定要考慮周全，以免節外生枝。例如，給義大利人送菊花，給日本人送荷花，給法國人送核桃，都會引起對方的反感。

二、忌送違法違規禮品

國家公務員在執行公務時，即使關係再特殊，也不能向他們贈送任何禮品。送外國友人禮品的時候，要考慮到不違犯對方所在國家的現行法律等。

三、忌送禮時不看人下「單」

將禮送到別人的「心坎」上，有一點是必須要考慮的：要看人下「單」，不同的禮物送不同的人。一般而言，精巧禮物送富人，有紀念性的禮物送戀人，趣味性的禮物送朋友，實用性禮物送老人，啟智的禮物送孩子，特色禮物送外賓。另外還要考慮到高血壓患者不能吃含高脂肪、高膽固醇的食品，糖尿病患者不能吃含糖量高的食品。如果送錯禮品，對方反而會認為你不尊重他。

四、忌送有害健康禮品

有一些東西會對人們工作、學習、生活以及身體健康、家庭幸福有害。比如，香菸、烈酒、賭具以及庸俗低級的書刊、音像製品等。

在人際交往的過程中，只有掌握了以上送禮的禁忌，才能達到送禮贏得好人緣的目的。

走出「禮重情意輕」的怪圈

雖說「千里送鵝毛，禮輕情意重」，但隨著人們物質欲望的日益膨脹，饋贈日益陷入「禮重情意重，禮輕情意輕」的尷尬局面。在饋贈禮物時，人們往往把目光投向貴重的物品，生怕自己的禮物過於廉價以至於拿不出手，無法博得客戶的歡心。尤其是彼此之間的攀比心理，更是使得饋贈的檔次日益向貴重化攀升。

一次，國內某知名企業接待了美國某知名研究所前來進行技術指導的著名工程師，在歡送美國工程師的儀式上，這所大學贈送給美國工程師的禮物是一盒包裝精美考究的茶葉，而美國工程師回敬的禮物則是一支極其普通的簽字筆，筆身上印著該美國研究所的名字。

事後，面對美國工程師回贈的簽字筆，企業的接待方大呼吃虧。一行人在一起七嘴八舌地議論說：「我們的那盒茶葉是十七八歲的女孩採摘的，經過幾十道工序加工，包裝的盒子也非常講究，成本在兩千元左右，沒有價錢，由於是企業專門委託本大學的一個茶葉課題組專門加工的，該大學官方送禮的禮品茶，十分珍貴。可是他回贈的簽字筆最多也就值個一、兩塊美元，這也太不划算了，這次我們是虧大了。」

確實虧大了，茶葉的包裝盒上沒有一個英文字母，美國工程師估計過一段時間後就可能記不清盒裡裝的是什麼了，也許美國工程師沒有喝茶的習慣，儘管是價值不菲的茶葉，對他來說還不如一支簽字筆實用。可是筆身上印有美國研究所名字的簽字筆，一時半會兒用不完，當人們在使用這支筆的時候，都會回憶起當時接受這支筆的來歷。

在這次饋贈禮物中，接待一方就陷入了「禮重情意輕」的怪圈，花費了無數心思的珍貴禮物，在別人的眼中僅等同於一支簽字筆的價值，甚至還不如。所以說，饋贈禮物時，禮品的價值並不簡單地與禮品的價格成正比，美國工程師回贈的一、兩塊美元的簽字筆，實際上比兩千元的茶葉更有意義。

要想擺脫「禮重情意輕」的怪圈，人們須斟酌好禮物的價值，不以價錢為衡量標準。

一般來說，最好的禮品具有以下特點：

一、最好的禮品是選擇受禮者特別想要的東西。

二、最好的禮品是意外的。

三、最好的禮品是表示一種友誼。

四、最好的禮品流露出一種幽默感。
五、最好的禮品可以流露出高貴的思想。
六、最好的禮品是不會超出你預算的東西。

其實，在饋贈禮物時，你能送出的最大禮物就是你的真心。禮物的價值與金錢毫不相干，關鍵在於你是抱著什麼樣的情感送的。只要抓住送禮時機、認真包裝禮物、用心寫好卡片上的祝福語，你就一定會帶給受禮一方無盡的快樂。

贏家 38

你不能不知的處世心理學

編著：楊世宇
出版者：大拓文化事業有限公司
執行編輯：林秀如
封面設計：林鈺恆
內文排版：姚恩涵

總經銷：永續圖書有限公司
劃撥帳號：18669219
地址：22103 新北市汐止區大同路三段一九四號九樓之一
TEL （〇二）八六四七—三六六三
FAX （〇二）八六四七—三六六〇
E-mail yungjiuh@ms45.hinet.net
網址 www.foreverbooks.com.tw

法律顧問：方圓法律事務所　涂成樞律師

出版日◇二〇二一年一月

國家圖書館出版品預行編目資料

你不能不知的處世心理學 / 楊世宇編著. -- 初版.
-- 新北市：大拓文化事業有限公司, 民110.01
面；　公分. -- (贏家；38)
ISBN 978-986-411-129-9(平裝)
1.人際關係 2.應用心理學
177.3　　109017831

謝謝您購買 **你不能不知的處世心理學** 這本書！

即日起，詳細填寫本卡各欄，對折免貼郵票寄回，我們每月將抽出一百名回函讀者寄出精美禮物，並享有生日當月購書優惠！

想知道更多更即時的消息，歡迎加入“永續圖書粉絲團”

您也可以利用以下傳真或是掃描圖檔寄回本公司信箱，謝謝。

傳真電話：（02）8647-3660　　信箱：yungjiuh@ms45.hinet.net

☺ 姓名：＿＿＿＿＿＿＿＿　□男　□女　　□單身　□已婚

☺ 生日：＿＿＿＿＿＿＿＿　□非會員　　□已是會員

☺ E-Mail：＿＿＿＿＿＿＿＿　電話：（　）＿＿＿＿

☺ 地址：＿＿＿＿＿＿＿＿

☺ 學歷：□高中及以下　□專科或大學　□研究所以上　□其他＿＿＿＿

☺ 職業：□學生　□資訊　□製造　□行銷　□服務　□金融

□傳播　□公教　□軍警　□自由　□家管　□其他＿＿＿＿

☺ 您購買此書的原因：□書名　□作者　□內容　□封面　□其他＿＿＿＿

☺ 您購買此書地點：＿＿＿＿＿＿＿＿　金額：＿＿＿＿

☺ 建議改進：□內容　□封面　□版面設計　□其他＿＿＿＿

您的建議：＿＿＿＿＿＿＿＿

廣　告　回　信
基隆郵局登記證
基隆廣字第57號

新北市汐止區大同路三段一九四號九樓之一

大拓文化事業有限公司收

請沿此虛線對折免貼郵票，以膠帶黏貼後寄回，謝謝！